圆觉经

中国佛学经典宝藏

59

张保胜 释译

星云大师总监修

人民东方出版传媒
東方出版社

图书在版编目（CIP）数据

圆觉经 / 张保胜 释译. —北京：东方出版社，2015. 9
（中国佛学经典宝藏）
ISBN 978-7-5060-8569-4

Ⅰ. ①圆… Ⅱ. ①张… Ⅲ. ①大乘—佛经 ②《圆觉经》—研究 Ⅳ. ①B942. 1

中国版本图书馆 CIP 数据核字（2015）第 267720 号

本书中文简体字版权由上海大觉文化传播有限公司独家授权出版
中文简体字版专有权属东方出版社

圆觉经
（YUANJUEJING）

释 译 者：张保胜
责任编辑：夏旭东
出　　版：东方出版社
发　　行：人民东方出版传媒有限公司
地　　址：北京市东城区朝阳门内大街 166 号
邮　　编：100010
印　　刷：人民今典印务有限公司
版　　次：2016 年 9 月第 1 版
印　　次：2025 年 7 月第 6 次印刷
开　　本：880 毫米×1230 毫米　1/32
印　　张：9. 5
字　　数：170 千字
书　　号：ISBN 978-7-5060-8569-4
定　　价：45. 00 元
发行电话：（010）85924663　85924644　85924641

版权所有，违者必究
如有印装质量问题，我社负责调换，请拨打电话：（010）85924602　85924603

《中国佛学经典宝藏》
大陆简体字版编审委员会

主任委员：赖永海

委　　员：（以姓氏笔画为序）

王月清　王邦维　王志远　王雷泉

业露华　许剑秋　吴根友　陈永革

徐小跃　龚　隽　彭明哲　葛兆光

董　群　程恭让　鲁彼德　温金玉

潘少平　潘桂明　魏道儒

总序

星云

自读首楞严，从此不尝人间糟糠味；

认识华严经，方知已是佛法富贵人。

诚然，佛教三藏十二部经有如暗夜之灯炬、苦海之宝筏，为人生带来光明与幸福，古德这首诗偈可说一语道尽行者阅藏慕道、顶戴感恩的心情！可惜佛教经典因为卷帙浩瀚、古文艰涩，常使忙碌的现代人有义理远隔、望而生畏之憾，因此多少年来，我一直想编纂一套白话佛典，以使法雨均沾，普利十方。

一九九一年，这个心愿总算有了眉目。是年，佛光山在广州市召开“白话佛经编纂会议”，将该套丛书定名为《中国佛教经典宝藏》①。后来几经集思广益，大家决

① 编者注：《中国佛教经典宝藏》丛书，大陆出版时改为《中国佛学经典宝藏》丛书。

定其所呈现的风格应该具备下列四项要点：

一、启发思想：全套《中国佛教经典宝藏》共计百余册，依大乘、小乘、禅、净、密等性质编号排序，所选经典均具三点特色：

1. 历史意义的深远性
2. 中国文化的影响性
3. 人间佛教的理念性

二、通顺易懂：每册书均设有原典、注释、译文等单元，其中文句铺排力求流畅通顺，遣词用字力求深入浅出，期使读者能一目了然，契入妙谛。

三、文简意赅：以专章解析每部经的全貌，并且搜罗重要的章句，介绍该经的精神所在，俾使读者对每部经义都能透彻了解，并且免于以偏概全之谬误。

四、雅俗共赏：《中国佛教经典宝藏》虽是白话佛典，但亦兼具通俗文艺与学术价值，以达到雅俗共赏、三根普被的效果，所以每册书均以题解、源流、解说等章节，阐述经文的时代背景、影响价值及在佛教历史和思想演变上的地位角色。

兹值佛光山开山三十周年，诸方贤圣齐来庆祝，历经五载、集二百余人心血结晶的百余册《中国佛教经典宝藏》也于此时隆重推出，可谓意义非凡，论其成就，则有四点可与大家共同分享：

一、佛教史上的开创之举：民国以来的白话佛经翻译虽然很多，但都是法师或居士个人的开示讲稿或零星的研究心得，由于缺乏整体性的计划，读者也不易窥探佛法之堂奥。有鉴于此，《中国佛教经典宝藏》丛书突破窠臼，将古来经律论中之重要著作，做有系统的整理，为佛典翻译史写下新页！

二、杰出学者的集体创作：《中国佛教经典宝藏》丛书结合北京、南京各地名校的百位教授、学者通力撰稿，其中博士学位者占百分之八十，其他均拥有硕士学位，在当今出版界各种读物中难得一见。

三、两岸佛学的交流互动：《中国佛教经典宝藏》撰述大部分由大陆饱学能文之教授负责，并搜录台湾教界大德和居士们的论著，借此衔接两岸佛学，使有互动的因缘。编审部分则由台湾和大陆学有专精之学者从事，不仅对大陆研究佛学风气具有带动启发之作用，对于海峡两岸佛学交流更是帮助良多。

四、白话佛典的精华集萃：《中国佛教经典宝藏》将佛典里具有思想性、启发性、教育性、人间性的章节做重点式的集萃整理，有别于坊间一般“照本翻译”的白话佛典，使读者能充分享受“深入经藏，智慧如海”的法喜。

今《中国佛教经典宝藏》付梓在即，吾欣然为之作序，并借此感谢慈惠、依空等人百忙之中，指导编修；吉广舆等人奔走两岸，穿针引线；以及王志远、赖永海等大陆教授的辛勤撰述；刘国香、陈慧剑等台湾学者的周详审核；满济、永应等“宝藏小组”人员的汇编印行。由于他们的同心协力，使得这项伟大的事业得以不负众望，功竟圆成！

《中国佛教经典宝藏》虽说是大家精心擘画、全力以赴的巨作，但经义深邈，实难尽备；法海浩瀚，亦恐有遗珠之憾；加以时代之动乱，文化之激荡，学者教授于契合佛心，或有差距之处。凡此失漏必然甚多，星云谨以愚诚，祈求诸方大德不吝指正，是所至祷。

一九九六年五月十六日于佛光山

原版序

敲门处处有人应

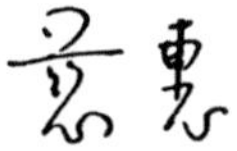

《中国佛教经典宝藏》是佛光山继《佛光大藏经》之后，推展人间佛教的百册丛书，以将传统《大藏经》精华化、白话化、现代化为宗旨，力求佛经宝藏再现今世，以通俗亲切的面貌，温渥现代人的心灵。

佛光山开山三十年以来，家师星云上人致力推展人间佛教，不遗余力，各种文化、教育事业蓬勃创办，全世界弘法度化之道场应机兴建，蔚为中国现代佛教之新气象。这一套白话精华大藏经，亦是大师弘教传法的深心悲愿之一。从开始构想、擘画到广州会议落实，无不出自大师高瞻远瞩之眼光，从逐年组稿到编辑出版，幸赖大师无限关注支持，乃有这一套现代白话之大藏经问世。

这是一套多层次、多角度、全方位反映传统佛教文化的丛书，取其精华，舍其艰涩，希望既能将《大藏经》

深睿的奥义妙法再现今世，也能为现代人提供学佛求法的方便舟筏。我们祈望《中国佛教经典宝藏》具有四种功用：

一、是传统佛典的精华书

中国佛教典籍汗牛充栋，一套《大藏经》就有九千余卷，穷年皓首都研读不完，无从赈济现代人的枯槁心灵。《宝藏》希望是一滴浓缩的法水，既不失《大藏经》的法味，又能有稍浸即润的方便，所以选择了取精用弘的摘引方式，以舍弃庞杂的枝节。由于执笔学者各有不同的取舍角度，其间难免有所缺失，谨请十方仁者鉴谅。

二、是深入浅出的工具书

现代人离古愈远，愈缺乏解读古籍的能力，往往视《大藏经》为艰涩难懂之天书，明知其中有汪洋浩瀚之生命智慧，亦只能望洋兴叹，欲渡无舟。《宝藏》希望是一艘现代化的舟筏，以通俗浅显的白话文字，提供读者遨游佛法义海的工具。应邀执笔的学者虽然多具佛学素养，但大陆对白话写作之领会角度不同，表达方式与台湾有相当差距，造成编写过程中对深厚佛学素养与流畅白话语言不易兼顾的困扰，两全为难。

三、是学佛入门的指引书

佛教经典有八万四千法门，门门可以深入，门门是无限宽广的证悟途径，可惜缺乏大众化的入门导览，不易寻觅捷径。《宝藏》希望是一支指引方向的路标，协助十方大众深入经藏，从先贤的智慧中汲取养分，成就无上的人生福泽。

四、是解深入密的参考书

佛陀遗教不仅是亚洲人民的精神皈依，也是世界众生的心灵宝藏。可惜经文古奥，缺乏现代化传播，一旦庞大经藏沦为学术研究之训诂工具，佛教如何能扎根于民间？如何普济僧俗两众？我们希望《宝藏》是百粒芥子，稍稍显现一些须弥山的法相，使读者由浅入深，略窥三昧法要。各书对经藏之解读诠释角度或有不足，我们开拓白话经藏的心意却是虔诚的，若能引领读者进一步深研三藏教理，则是我们的衷心微愿。

大陆版序一

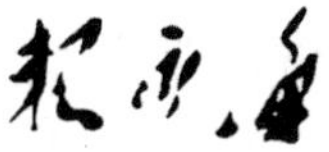

《中国佛教经典宝藏》是一套对主要佛教经典进行精选、注译、经义阐释、源流梳理、学术价值分析，并把它们翻译成现代白话文的大型佛学丛书，成书于二十世纪九十年代，由台湾佛光文化事业有限公司出版，星云大师担任总监修，由大陆的杜继文、方立天以及台湾的星云大师、圣严法师等两岸百余位知名学者、法师共同编撰完成。十几年来，这套丛书在两岸的学术界和佛教界产生了巨大的影响，对研究、弘扬作为中国传统文化重要组成部分的佛教文化，推动两岸的文化学术交流发挥了十分重要的作用。

《中国佛学经典宝藏》则是《中国佛教经典宝藏》的简体字修订版。之所以要出版这套丛书，主要基于以下的考虑：

首先，佛教有三藏十二部经、八万四千法门，典籍浩瀚，博大精深，即便是专业研究者，穷其一生之精力，恐也难阅尽所有经典，因此之故，有“精选”之举。

其次，佛教源于古印度，汉传佛教的经论多译自梵语；加之，代有译人，版本众多，或随音，或意译，同一经文，往往表述各异。究竟哪一种版本更契合读者根机？哪一个注疏对读者理解经论大意更有助益？编撰者除了标明所依据版本外，对各部经论之版本和注疏源流也进行了系统的梳理。

再次，佛典名相繁复，义理艰深，即便识得其文其字，文字背后的义理，诚非一望便知。为此，注译者特地对诸多冷僻文字和艰涩名相，进行了力所能及的注解和阐析，并把所选经文全部翻译成现代汉语。希望这些注译，能成为修习者得月之手指、渡河之舟楫。

最后，研习经论，旨在借教悟宗、识义得意。为了将其思想义理和现当代价值揭示出来，编撰者对各部经论的篇章品目、思想脉络、义理蕴涵、学术价值等所做的发掘和剖析，真可谓殚精竭虑、苦心孤诣！当然，佛理幽深，欲入其堂奥、得其真义，诚非易事！我们不敢奢求对于各部经论的解读都能鞭辟入里，字字珠玑，但希望能对读者的理解经义有所启迪！

习近平主席最近指出：“佛教产生于古代印度，但传入中国后，经过长期演化，佛教同中国儒家文化和道家文化融合发展，最终形成了具有中国特色的佛教文化，给中国人的宗教信仰、哲学观念、文学艺术、礼仪习俗等留下了深刻影响。”如何去研究、传承和弘扬优秀佛教文化，是摆在我们面前的一个重要课题，人民东方出版传媒有限公司拟对繁体字版的《中国佛教经典宝藏》进行修订，并出版简体字版的《中国佛学经典宝藏》，随喜赞叹，寥寄数语，以叙因缘，是为序。

二〇一六年春于南京大学

大陆版序二

依空

身材高大、肤色白皙、擅长军事的雅利安人，在公元前一千五百多年从中亚攻入西北印度，把当地土著征服之后，为了彻底统治这里的人民，建立了牢不可破的种姓制度，创造了无数的神祇，主要有创造神梵天、破坏神湿婆、保护神毗婆奴。人们的祸福由梵天决定，为了取悦梵天大神，需要透过婆罗门来沟通，因为他们是从梵天的口舌之中生出，懂得梵天的语言——繁复深奥的梵文，婆罗门阶级是宗教祭祀师，负责教育，更掌控了神与人之间往来的话语权。四种姓中最重要的是刹帝利，举凡国家的政治、经济、军事、文化等都由他们实际操作，属贵族阶级，由梵天的胸部生出。吠舍则是士农工商的平民百姓，由梵天的膝盖以上生出。首陀罗则是被踩在梵天脚下的土著。前三者可以轮回，纵然几世轮转都无法脱离原来种姓，称为再生族；首陀罗则连轮回的因缘都没有，为不生族，生生世世为首陀罗，子孙也倒霉跟着宿命，无法改变身份。相对于此，贱民比首陀罗更为卑微、低贱，连四种姓都无法跻身其中，只能从事挑粪、焚化尸体等最卑贱、龌龊的工作。

出身于高贵种姓释迦族的悉达多太子，为了打破种姓制度的桎梏，舍弃既有的优越族姓，主张一切众生皆平等，成正等觉，创立了佛教僧团。为了贯彻佛教的平等思想，佛陀不仅先度首陀罗身份的优婆离出家，后度释迦族的七王子，先入山门为师兄，树立僧团伦理制度。佛陀更严禁弟子们用贵族的语言——梵文宣讲佛法，而以人民容易理解的地方口语来演说法义，这就是巴利文经典的滥觞。佛陀认为真理不应该是属于少数贵族、知识分子的专利或装饰，而应该更贴近普罗大众，属于平民百姓共有共知。原来佛陀早就在推动佛法的普遍化、大众化、白话化的伟大工作。

佛教从西汉哀帝末年传入中国，历经东汉、魏晋南北朝、隋唐的漫长艰巨的译经过程，加上历代各宗派祖师的著作，积累了庞博浩瀚的汉传佛教典籍。这些经论义理深奥隐晦，加以书写的语言文字为千年以前的古汉文，增加现代人阅读的困难，只能望着汗牛充栋的三藏十二部扼腕慨叹，裹足不前。

如何让大众轻松深入佛法大海，直探佛陀本怀？佛光山开山宗长星云大师乃发起编纂《中国佛教经典宝藏》。一九九一年，先在广州召开“白话佛经编纂会议”，订定一百本的经论种类、编写体例、字数等事项，礼聘中国社科院的王志远教授、南京大学的赖永海教授分别为大陆北方与南方的总联络人，邀请大陆各大学的佛教学者撰文，后来增加台湾部分的三十二本，是为一百三十二册的《中国佛教经典宝藏精选白话版》，于一九九七年，作为佛光山开山三十周年的献礼，隆重出版。

六七年间我个人参与最初的筹划，多次奔波往来于大陆与台湾，小心谨慎带回作者原稿，印刷出版、营销推广。看到它成为佛教徒家中的传家宝藏，有心了解佛学的莘莘学子的入门指南书，为星云大师监修此部宝藏的愿心深感赞叹，既上契佛陀“佛法不舍一众”的慈悲本怀，更下启人间佛教“普世益人”的平等精神。尤其可喜者，欣闻现大陆出版方东方出版社潘少平总裁、彭明哲副总编亲自担纲筹划，组织资深编辑精校精勘；更有旅美企业家鲁彼德先生事业有成之际，秉“十方来，十方去，共成十方事”之襟怀，促成简体字版《中国佛学经典宝藏》的刊行。今付梓在即，是为序，以表随喜祝贺之忱！

二〇一六年元月

目　录

题解　001

经典　011

1　文殊章　013

2　普贤章　035

3　普眼章　046

4　金刚藏章　084

5　弥勒章　099

6　清净慧章　117

7　威德自在章　134

8　辨音章　150

9　净诸业障章　168

10　普觉章　190

11　圆觉章　203

12　贤善首章　218

源流　233

解说 241

附录 253

1 大方广圆觉修多罗了义经略疏序 255

2 大方广圆觉修多罗了义经序 258

3 刻圆觉经解后跋 261

4 圆觉经讲义序 263

5 圆觉经 266

参考书目 275

题解

《圆觉经》，全名《大方广圆觉修多罗了义经》。“大”是说此经所讲之理是永恒的，普遍存在于一切事物当中，范围广大，大而无量无边。所以“大”是从体得名。“方”是法则，从圆觉流出真如、菩提、涅槃等，因为圆觉是清净的，所以四大、六根、十二处、十八界、二十五有等都是清净的。所以“方”是从相得名。“广”是多博的意思，一心一念有无限妙用，所以“广”是从用得名。

《圆觉经》的体、相、用本来是圆满无缺的，体没有任何过失，是绝妙的真理本体，所以体是佛的法身德；相横穷竖遍，这是佛的般若德；用如恒河之沙，这是佛的解脱德。所以，“大方广”是佛果三德。

佛果三德是针对三障而说，三障如下：烦恼障，无限见、思、无明，障碍三菩提，见、思烦恼障实智菩提，尘烦恼障方便菩提，无明烦恼障真性菩提；业障，恶业、善业、有漏业、无漏业，障三解脱。有漏业障空解脱，无漏业障无相解脱，出假神通非有漏非无漏亦有漏亦无漏业，障无作解脱；报障，人界、天界有情众生的分段生死和变易生死，障碍三涅槃，六凡（地狱、饿鬼、畜生、阿修罗、人、天）同居分段生死障碍圆净解脱，二乘方便变易生死，障碍方便净涅槃，各大菩萨实报变易生死障碍性净涅槃。

烦恼与菩提不二，因为烦恼和菩提相待而成立，离烦恼无菩提，离菩提无烦恼。依此类推，三业与三解脱不二，生死与涅槃不二。菩提是相大，解脱是用大，生死之苦即法身，法身是体大。这种众生法就是心法，也就是佛法，并不是众生法以外另有心法、佛法，也不是佛法以外另有心法和众生法，所以在一众生法中能够见到一切众生法、一切佛法和一切心法。众生法、佛法、心法都是大方广法，所以心、佛、众生三无差别。对于“大方广”的解释至此终。

以下解释圆觉，“圆”是周遍，即圆觉妙心变幻一切，一切事物当中都有圆觉妙心。“觉”是没有分别妄想，绝思绝虑，就是法身佛，正如《大乘起信论》所说的：“所言觉义者，谓心体离念。离念相者，等虚空界，无所不遍，法界一相，即是如来平等法身。依此法身说明本觉。”

修多罗是梵文 Sutra 的音译，意译为经或契经，契有契理、契机的意思，契理是契合中道实理，契机是契合众生根机。说明究竟显了教法的佛经称为了义经，未了未尽之经是不了义经，大乘佛经是了义经，小乘佛经是不了义经。本经是大乘佛经，所以是了义经。

本经的内容是佛回答十二位菩萨提出的问题，所以分为十二章：第一章《文殊章》，说明由圆觉法门流出真如、菩提、涅槃、波罗蜜等；第二章《普贤章》，说明圆觉境界的修行方便法门，知幻即离，离幻即觉；第三章《普眼章》，说明修习圆觉，应当首先修止；第四章《金刚藏章》，说明先断无始轮回的根本；第五章《弥勒章》，说明爱欲是轮回的根本；第六章《清净慧章》，说明在除灭一切幻化位中，有凡夫随顺觉性、菩萨未入地者随顺觉性、菩萨已入地者随顺觉性、如来随顺觉性之别；第七章《威德自在章》，说明依据众生的根性而有三种修行方便法门：奢摩他、三摩钵提和禅那；第八章《辨音章》，说明二十五种清净定轮的修行方法；第九章《净诸业障章》，说明觉性本净，由于我、人、众生、寿命四相，不能入清净觉海；第十章《普觉章》，说明要想求得圆觉，应当消除作、止、任、灭四种病相；第十一章

《圆觉章》，说明修大圆觉者，通过长、中、短三种安居方法，修行奢摩他、三摩钵提、禅那三观；第十二章《贤善首章》，列举此经五名：大方广圆觉陀罗尼、修多罗了义、秘密王三昧、如来决定境界、如来藏自性差别。日本佛教学者凤潭，把此五名与五性相配：大方广圆觉陀罗尼——凡夫性；修多罗了义——二乘性；秘密王三昧——菩萨性；如来决定境界——如来性；如来藏自性差别——外道性。

关于本经的译者、翻译时间，佛教经典的记载很不一致，《开元释教录》卷九、《续古今译经图记》《贞元新定释教目录》卷十二和宗密的《圆觉经大疏》卷上都认为本经的译者是北印度罽宾国的佛陀多罗（Buddhatrata，意译觉救），但是，宗密的《大疏钞》卷四却认为译者是罗睺昙犍。

关于本经的翻译年代，宗密的《大疏钞》认为是贞观二十一年（公元六四七年），《宋高僧传》卷二却载为长寿二年（公元六九三年）。智升的《开元释教录》对此提出疑问："沙门佛陀多罗，唐云觉救，北印度罽宾人也，于东都白马寺译《大方广圆觉了义经》一部，此经近出，不委何年。且弘道为怀，务酸诈妄，但真诠不谬，岂假具知年月耶？"宗密《大疏钞》的记载，与此完全不同，此文称："余又于丰德寺杂经中，见一本《圆觉经》，年多虫食，悉已破烂，经末两三纸才可识破，后云贞观二十一年岁次丁未，七月乙酉朔十五日己亥，在潭州宝云道场译了，翻译沙门罗睺昙犍乃至，然未详真虚，或恐前已曾译，但缘不能闻奏，故滞于南方，不入此中藏，不然者即是诈谬也。”这种记载和《开元释教录》记载的译者、时间、地点都不一样，这是同本异译呢，还是伪经呢？至今没有定论。

在《圆觉经要解》卷二，于《贤善首章》有一偈颂：

是经诸佛说，如来守护持，
十二部眼目，名为大方广，
圆觉陀罗尼。显如来境界，
归依增进者，必至于佛地，
如百川海纳，饮者皆充满。
假使积七宝，满大千布施，
不如闻此经。若化河沙众，
皆得阿罗汉，不如闻半偈。
汝等末世众，护持尽宣说，
一圆一切圆，一觉一切觉。

对于本颂，学术界怀疑是后人插入，所以，金陵刻经处本未录。

尽管《圆觉经》存有这么多疑点，但佛教徒和佛教学者都认为本经“真诠不谬”讲的是大乘佛教义理，并对中国佛教华严宗、天台宗、禅宗、密宗产生过巨大影响，这在《源流》中将作详细论述。

根据宗密的《大疏钞》，宗密以前关于本经的疏释主要如下：京报寺惟悫法师的《圆觉经疏》一卷、先天寺悟实禅师的《疏》二卷、荐福寺坚志法师的《疏》四卷、北京海藏寺道诠法师的《疏》三卷。皆佚。

现存的宗密疏共六种：《圆觉经大疏》十二卷、《圆觉经大疏钞》二十六卷、《圆觉经略疏》四卷、《圆觉经略疏钞》十二卷、《圆觉经略疏科》一卷、《道场修证仪》十八卷。

宋代疏释主要如下：宋净源的《圆觉经道场略本修证义》一卷、宋观复的《圆觉经钞辨疑误》二卷、宋复庵的《圆觉经类解》八卷、宋孝宗的《御注圆觉经》二卷、宋清远的《圆觉经疏钞随文要解》十二卷、如山的《圆觉经略疏序注》一卷、宋古云元粹的《圆觉经集注》二卷、宋智聪的《圆觉经心镜》六卷、宋周琪的《圆觉经夹颂集解讲义》十二卷。

明清的疏释主要如下：明寂正的《圆觉经要解》二卷、明德清的《圆觉经直解》二卷、明通润的《圆觉经近释》六卷、明焦竑的《圆觉经精解评林》卷上、清弘丽的《圆觉经句释正白》六卷、清净挺的《圆觉经连珠》一卷、清通理的《圆觉经析义疏大义》一卷、《圆觉经析义疏上悬示》一卷、《圆觉经析义疏》四卷。

日本的疏释主要如下：东大寺实撰著《圆觉经大疏钞要文》三卷、葛藤著《圆觉经略疏助寥钞》七卷、凤潭著《圆觉经集注日本诀》五卷、光谦著《圆觉经集注俗谈》二卷、宜誉义海著《圆觉经略疏闻书》四卷、普寂著《圆觉经义疏》二卷、敬雄著《圆觉经集注游刃钞》一卷、随慧著《圆觉经集注闻志》三卷、昙空著《圆觉经助读》一卷、裕察本阿著《圆觉革讲录》二卷、南都出欤著《圆觉十问答》一卷、《圆觉经采要钞》二卷、《圆觉经记闻罔殆钞》二卷。

华严宗五祖宗密（公元七八〇—八四一年）对弘扬《圆觉经》做出重要贡献。他俗姓何，果州西充（今属四川）人，其家富有，他从小就读儒书，因为他出家以后，常住陕西省鄠县圭峰草堂寺，所以世称“圭峰大师”。元和二年（公元八〇七年），偶谒遂州道圆禅师，即从其出家受教，同年又从拯律师受具足戒。后从某病僧学习华严宗四祖澄观（公元七三八—八三九年）的《华严经疏》，感到心地开通，即到长安华严寺从澄观学习华严教义。后游五台山，不久后又回到圭峰从事著作，先后著有《华严经行愿品别行疏钞》《华严原人论》《注华严法界观门》《注华严法界观科文》《华严心要法门注》《禅源诸诠集都序》《禅门师资承袭图》等，另有关于《圆觉经》的注释多种。大和九年（公元八三五年），唐文宗诏入内殿，问佛法大意，赐紫方服，号大德。卒后，唐宣宗追谥“定慧禅师”。

宗密不仅弘扬华严宗教义，也弘扬禅宗教义，认为禅教一致。如《禅源诸诠集都序》称：“若顿悟自心本来清净，原无烦恼，无漏性智本自具足，此心即佛，毕竟无异。依此而修者，是最上乘禅，亦名如来清净禅。”从此可以明显见到《圆觉经》的影响，这里的“此心”就是《圆觉经》的圆觉妙心。

《圆觉经》的版本如下：《碛砂藏》本、《龙藏》本、《频伽藏》本、《大正藏》本和金陵刻经处本。近人校勘的金陵刻经处本最佳，所以本书以金陵刻经处本为底本。

经典

1　文殊章

原典

如是我闻[1]，一时婆伽婆[2]入于神通[3]大光明藏[4]，三昧[5]正受[6]，一切如来[7]光严住持[8]。是诸众生[9]清净[10]觉地[11]，身、心寂灭，平等本际[12]，圆满十方[13]，不二[14]随顺，于不二境现诸净土[15]。

与大菩萨[16]摩诃萨[17]十万人俱，其名曰文殊师利菩萨、普贤菩萨、普眼菩萨、金刚藏菩萨、弥勒菩萨、清净慧菩萨、威德自在菩萨、辨音菩萨、净诸业障菩萨、普觉菩萨、圆觉菩萨、贤善首菩萨等而为上首[18]，与诸眷属[19]皆入三昧，同住如来平等[20]法会[21]。

于是，文殊师利[22]菩萨在大众中，即从座起，顶礼[23]佛足，右绕[24]三匝[25]，长跪叉手而告佛言[26]：大悲[27]世尊[28]！

愿为此会诸来法众，说于如来本起清净[29]，因地[30]法行，及说菩萨于大乘[31]中发清净心，远离诸病，能使未来末世[32]众生求大乘者，不堕邪见[33]。作是语已，五体投地，如是三请，终而复始。

注释

①**如是我闻**：佛经是佛入灭后，由“多闻第一”的佛弟子阿难在结集会上诵出。“如是”是经中佛语，“我闻”是阿难亲自听闻。释迦牟尼佛临涅槃时告诉徒众：为了取信于人，一切佛经卷首都加“如是我闻”四字。

②**婆伽婆**：梵文 Bhagavat 的音译，另译薄伽梵，意译世尊，佛的尊号之一，意谓佛深受世人尊敬。据憨山德清撰《圆觉经直解》，婆伽婆具六义：一、自在。佛已经灭除烦恼，身心自由自在；二、炽盛。佛的功德智德，如火炬一般炽烈强盛；三、端严。佛具三十二相八十种好，端正庄严；四、名称。佛名扬十方，称颂无尽；五、吉祥。佛能够灭罪消障，赐福延龄，吉祥如意；六、尊贵。佛于世间和出世间都尊重珍贵。因具此六意，根据玄奘“多含不翻”的原则，所以 Bhagavat 一般采取音译，而不采取意译。

③神通：梵文 Abhijna 的意译，另译神通力、神力、通力等。通过修禅所得到的一种神秘力量，一般讲有六种神通：一、神足通。亦称神境智证通、神境通、身如意通、身通等，意思是能够飞天入地，出入欲、色、无色三界，变化自在；二、天眼通。亦称天眼智证通、天眼智通等，能够看见六道众生死此生彼及苦乐境况，能够看见世间一切形相；三、天耳通。又称为天耳智证通、天耳智通等，能够听见六道众生苦乐忧喜之声和人世间的各种声音；四、他心通。又称为他心智证通、知他心通等，能够知道六道众生的心想之事；五、宿命通。又称为宿住随念智证通、宿住智通、识宿命通等，能够知道自身一世二世三世乃至百千万世的宿命及所做之事，也能够知道六道众生的宿命和所做之事；六、漏尽通。又称为漏尽智证通，能够断除一切烦恼惑业，永远摆脱生死轮回。这六种神通以慧为体，前五种神通通过四禅可以得到，一般人都可以得到。第六通只有佛才能获得。

④大光明藏：通过修行，第八识阿赖耶识转成大圆镜智的伟大光明境界，也是每人具有的自心本性。佛入大定，显此本性，神通光明无穷无尽，所以称之为“藏”。

⑤三昧：梵文 Samadhi 的音译，另译三摩提、三摩等，意译为定、正受、调直定、正心行处、息虑凝心等。

心定于一处而不动，所以称为定；正确感受所观之法，所以称为正受；调心之暴，直心之曲，定心之散，所以称为调直定；调正心之行动，使之合于佛法之依处，所以称为正心行处；息止缘虑，凝结心念，所以称为息虑凝心。

⑥**正受**：禅定异名，因为定心远离邪念，所以称为正；因为禅定之境无念无想，纳法于心，所以称为受。不受诸受，自受法乐之处。三昧即正受，即正定境界，禅静入定，有八万四千不同的境界，神通大光明藏三昧正受是其中之一。只有大彻大悟，将第八识阿赖耶识转成大圆镜智成佛以后，才有这三昧正定。

⑦**如来**：梵文 Tathagata 的意译，音译多陀阿伽陀，佛的十号之一。“如”即佛教的绝对真理真如，乘真如的如实道从因至果而成正觉，所以称为如来，这是法身如来。佛乘真如道而来三界垂化，这是应身如来。一般认为有二种如来：一、出缠如来。佛于出障因果之位称为出缠如来；二、在缠如来。佛来人世，在一切有情众生的缠垢之中。天台宗依据《大智度论》卷二，认为有三如来：一、法身如来。法身真如之境，遍一切处而无差别；二、报身如来。乘如实道而如法相之解，这是从智而来；三、应身如来。佛来三界说法。

⑧**住持**：“住”意谓常住不灭，“持”意谓持而不失。

合而言之，其意如下：悟道者护持正法，永恒不变，后演变为寺庙方丈。

⑨**众生**：梵文 Sattva 的意译，另译有情，音译仆呼善那。有三义：一、众人共生之义。据《中阿含》卷十二，劫初之时，男女尊卑之众共生于世，所以称为众生；二、众多之法，假和合而生。人身是由色、受、想、行、识五蕴虚假和合而成；三、经众多之生死，所以称为众生。一切有情，生而死，死而生，生生世世，永远受苦。

⑩**清净**：没有恶行过失，没有烦恼垢染，这种境况称为清净。一般来说有三种清净：一、身业清净，二、语业清净，三、意业清净。

⑪**觉地**：佛与众生都平等具有的真妄不二之境，即一真法界。

⑫**本际**：佛、菩萨及众生的本来真际，都是圆满清净的。

⑬**十方**：佛经称东、南、西、北、东南、西南、东北、西北、上、下为十方。

⑭**不二**：一实之理，如如平等，没有彼此之别，这就称为不二。《大乘义章》卷一称："言不二者，无异之谓也，即是经中一实义也。一实之理，妙寂离相，如如平等，亡于彼此，故云不二。"

⑮**净土**：圣者所居住的国土，没有五浊：劫浊、见

浊、烦恼浊、众生浊、命浊，所以称为净土。《大乘义章》卷十九称："经中或时名佛地，或称佛界，或云佛国，或云佛土，或复为净刹、净首、净国、净土。"

⑯**菩萨**：梵文菩提萨埵（Bodhisattva）之略，意译觉有情、道众生、道心众生等，修大乘六度，求无上菩提，救度众生，于未来成就佛果的修行者，与声闻、缘觉并称为三乘。菩萨的修行称为菩萨行。有时把著名的大乘论师称为菩萨，如龙树、世亲等，都称为菩萨。

⑰**摩诃萨**：梵文音译摩诃萨埵（Mahasattva）之略，意译大心、大众生、大有情等，意谓有心成佛的众生，菩萨的通称。摩诃（Maha）意谓大，即此等众生信大法、解大义、发大心、趣大果、修大行、证大道。此中之"大"是指地上菩萨。

⑱**上首**：大众之主位，首座为上首。或举其中一人为上首，或举多人为上首。各经不同，如《无量寿经》一万二千比丘众中举三十一位比丘为上首，《观无量寿经》三万二千菩萨众中举文殊师利一人为上首。

⑲**眷属**：上首护念称为眷，摄令从道称为属。天台宗认为：接受如来教化者，协助如来进行教化者，都是如来眷属。有五种眷属：一、理性眷属，二、业生眷属，三、愿生眷属，四、神通眷属，五、应生眷属。

⑳**平等**：无高下浅深等差别，称为平等。《五灯会

元》称："天平等，故常覆；地平等，故常载；日月平等，故四时常明；涅槃平等，故圣凡不二；人心平等，故高低无诤。"

㉑**法会**：说法或供佛施僧的集会，称为法会。

㉒**文殊师利**：梵文 Manjusri 的音译，另译曼殊师利，略称为文殊，意译妙德、妙吉祥等。中国佛教的四大菩萨之一，相传说法道场在山西省的五台山。他是释迦牟尼佛的左胁侍，专司智慧，常与司理的右胁侍普贤并称。顶结五髻，手持宝剑，表示智慧锐利，塑像多骑狮子，表示智慧威猛。

㉓**顶礼**：行五体投地礼，两手两足着地，额头碰到对方的脚面，以己之尊敬彼所卑，这是最高的佛教礼节。

㉔**右绕**：梵文 Pradaksina 的意译，音译钵喇特崎拏。因为佛的眉间白毫是右旋，所以右绕是随顺佛法，意味着吉祥如意。

㉕**三匝**：据宗密著《圆觉经略疏》卷上之一，三匝意味着佛之一体代表三宝（佛、法、僧）、三身（佛身、报身、应身）、三德（法身德、般若德、解脱德）等。

㉖据谛闲著《圆觉经讲义》卷上，本段是具仪，具仪不外三业：起座礼足是身业恭，绕佛三匝是意业诚，叉手白佛是口业敬。

㉗**大悲**：梵文 Karuna 的意译，同情他人之苦而欲救

济之心称为悲。常与慈连用,《大乘义章》卷十一称:“爱怜名慈,恻怆曰悲。”“慈能与乐,悲能拔苦。”佛和菩萨的悲心广大,所以称为大悲。

㉘**世尊**:梵文 Bhagavat 的意译,音译薄伽梵或婆伽婆,原为婆罗门教徒对长者的尊称,佛教徒沿用,用以尊称教主释迦牟尼佛,因为佛具有各种高品德,为世钦重,所以称为世尊。

㉙**本起清净**:指佛在凡夫时最初发心之因地。清净心即菩提心,意欲直取无上菩提,不为人天有漏、二乘无漏所混扰,所以称为清净。

㉚**因地**:修行佛道之位,对于成佛之位为果地或果上而名。

㉛**大乘**:梵文 Mahayana 的意译,音译摩诃衍那,“乘”为乘载,大乘意谓运载多数人渡过苦海,达到涅槃彼岸。公元一世纪成立的佛教派别,把以前的部派佛教贬称为小乘,意思是只能运载少数人渡过苦海。小乘佛教只求自己的解脱,大乘佛教提倡普度众生。大乘佛教有三个发展时期:一、初期大乘,约一世纪至五世纪,即龙树及其弟子提婆创立的中观学派;二、中期大乘,约五世纪至六世纪,即无着、世亲创立瑜伽行派,又称为唯识学派;三、后期大乘,即七世纪至十三世纪的密教时期。

㉜末世：佛教三时（正、像、末）之一，正法时期的佛教具有教（佛的教诲）、行（修行）、证（证悟），像法时期的佛教只有教、行，而无证。末法时期的佛教只有教，而无行、证。一般认为正法五百年，像法一千年，末法一万年。

㉝邪见：五见（萨迦耶见、边执见、邪见、见取见、戒禁取见）之一，否定因果报应的见解。从广义上来说，凡是错误的见解，都可以称为邪见。

译文

我（阿难）听佛是这样说的：某时，佛入于神通大光明藏中，修禅定而得正受，所有的佛，永恒具有这光明庄严的境界。这是各位众生的清净觉悟之地，身、心都已寂灭，都一律平等地处于本来实际之地，圆足充满十方，随顺不二之境。于不二之境，显现各种净土。

与大菩萨摩诃萨十万人在一起，其名为文殊师利菩萨、普贤菩萨、普眼菩萨、金刚藏菩萨、弥勒菩萨、清净慧菩萨、威德自在菩萨、辨音菩萨、净诸业障菩萨、普觉菩萨、圆觉菩萨、贤善首菩萨等而为上首，并与他们的眷属都入三昧，一起在如来平等法会上。

于是，在广大徒众中的文殊师利菩萨，立即从座位上站起来，向佛足顶礼，向右绕三圈，长跪合掌，告诉佛说：大慈大悲的世尊啊！请您为各位来此平等法会求法的大众们，并为末法时期的一切有情众生，讲一讲如来的本起清净和因地法门，并讲一讲菩萨于大乘教法中，发起清净心，消除各种疾病，能够使未来末法时期的众生求学大乘教法者，不至于堕落于邪见。讲完以后，五体投地。如是反复请求三次，恳求世尊的教诲。

原典

尔时，世尊告文殊师利菩萨言：善哉[①]！善哉！善男子[②]，汝等乃能为诸菩萨咨询如来因地法行，及为末世一切众生求大乘者，得正住持，不堕邪见。汝今谛听，当为汝说。

时文殊师利菩萨奉教欢喜，及诸大众默然而听。

善男子！无上法王[③]有大陀罗尼门[④]名为圆觉[⑤]，流出一切清净、真如[⑥]、菩提[⑦]、涅槃[⑧]及波罗蜜[⑨]，教授菩萨，一切如来本起因地，皆依圆照清净觉相，永断无明[⑩]，方成佛道[⑪]。

云何无明？

善男子！一切众生从无始来，种种颠倒[⑫]，犹如迷人四方易处，妄认四大[⑬]为自身相，六尘[⑭]缘影为自心相，譬彼病目见空中华[15]及第二月[16]。

善男子！空实无华[17]，病者妄执[18]。由妄执故，非唯惑[19]此虚空[20]自性[21]，亦复迷彼实华生处[22]。由此妄有，轮转[23]生死，故名无明。

善男子！此无明者，非实有体。如梦中人，梦时非无，及至于醒，了无所得。如众空华，灭于虚空，不可说言有定灭处[24]。何以故？无生处故。一切众生于无生中，妄见生灭，是故说名轮转生死。

注释

①**善哉**：梵文 Sadhu 的意译，音译娑度，其意为“好”。佛经里的赞叹之词。

②**善男子**：佛教称在家、出家男性教徒为善男子，“善”意味着信佛闻法。

③**无上法王**：对佛的尊称，因为佛悟最上乘法，为万法之主，更无在其上者，所以称为无上法王。

④**大陀罗尼门**：陀罗尼是梵文 Dharan 的音译，另译陀罗那、陀邻尼，意译为持、总持等，有能持、能遮二义，能持是使善法不失，能遮是使恶法不生。有四种陀罗尼：一、法陀罗尼，又称为闻陀罗尼，听闻佛法而不忘失；二、义陀罗尼，对于诸法之义总持而不忘失；三、

咒陀罗尼，于咒总持而不忘；四、忍陀罗尼，安住于诸法实相谓之“忍”。持忍就是忍陀罗尼。“大”意谓咒语多，功德大。“门”有入出义，悟入佛法圆觉之体，流出各种善法。大陀罗尼门是八万四千法门的根本。

⑤**圆觉**：一切有情众生都有本觉或真心，自无始以来，常住清净，昭昭不昧，了了常知，约于体，而谓为一心；约于因，而谓为如来藏；约于果，而谓为圆觉。圆觉是圆满灵觉的意思。圭峰《大方广圆觉修多罗了义经序》称：“万法虚伪，缘会而生，生法本无，一切唯识，识如幻梦，但是一心，心寂而知，目之为圆觉。”

⑥**真如**：梵文 Tathata 或 Bhutatathata 的意译，另译如、如如等，意谓事物的真实情况或真实属性。与性空、无为、法界、法性、实际、实相、佛性、法身等同义。《成唯识论》卷九解释说：“真谓真实，显非虚妄；如谓如常，表无变易。谓此真实，于一切位，常如其性，故曰真如……此性即谓唯识实性。”《大乘起信论》把原本具有佛教全部功德而又永恒不变的“真心”当作真如，又称为如来藏、如来法身等。

⑦**菩提**：梵文 Bodhi 的音译，意译为觉，是成佛的觉悟，所觉之境有事、理二法，“理”为涅槃，断烦恼障而证涅槃的一切智，是通三乘的菩提。“事”是指一切有为诸法，断所知障而知诸法实相的一切种智。

⑧涅槃：梵文 Nirvana 的音译，意译为灭度、寂灭等；或者称为般涅槃、般泥洹，意译为圆寂。佛教修行所要达到的最高理想境界。涅槃意味着断除生死轮回，断除一切烦恼痛苦。《大乘起信论》称："以无明灭故，心无有起；以无起故，境界随灭；以因缘俱灭故，心相皆尽，名得涅槃。"小乘佛教以"灰身灭智，捐形绝虑"为涅槃，大乘中观以实相为涅槃，世间与涅槃没有区别。《大般涅槃经》认为涅槃有常、乐、我、净四德。涅槃的分类很多，一般分为有余涅槃和无余涅槃两类。

⑨波罗蜜：梵文 Paramita 的音译，全译波罗蜜多，意译到彼岸、度彼岸、度无极、度等，意谓从生死此岸到达涅槃彼岸。大乘佛教以六项修练内容为到达涅槃彼岸的方法或途径，称为六波罗蜜或六度：布施、持戒、忍辱、精进、禅定、般若，唯识宗把六波罗蜜多中的般若扩张为方便善巧、愿、力、智等四波罗蜜，合为十波罗蜜，作为菩萨所修的胜行，再配菩萨十地，说明修行次第。

⑩无明：梵文 Avidya 的意译，又称为"痴"（Moha），即愚痴。有时与惑连用，称为愚惑。十二因缘之首、三毒之一、根本烦恼之一。意思是愚昧无知，不懂得佛教四谛、三宝和业果报应。《大乘起信论》称："以一切法本来唯心，实无于念，而有妄心，不觉起念，见诸境界，故说无明。"

对事物的虚妄分别，统称为无明。因为有这无明的虚妄分别，才有这世俗世界。由此说明“心生则种种法生，心灭则种种法灭”。

⑪**佛道**：即菩提（Bodhi），新译为觉，旧译为道。道为通义，佛智圆通无碍，所以称之为道，道有三种：一、声闻所得，二、缘觉所得，三、佛之所得。佛所得无上菩提，称为佛道。第二义：因行而称为道，成佛的途径称为佛道。《大乘义章》卷十八称：“地论言：道者是因，修行此道，能到圣处，名为圣道。”

⑫**颠倒**：由于无明而生的错误认识。一般来说有八颠倒，即凡夫四颠倒和二乘四颠倒。凡夫四颠倒如下：一、常颠倒，把世间的无常之法误认为常法；二、乐颠倒，误认世间之苦为乐；三、净颠倒，误认世间不净法为净法；四、我颠倒，误认世间无我法为我。二乘四颠倒如下：一、无常颠倒，误认涅槃之常为无常；二、无乐颠倒，于涅槃之乐而为无乐；三、无我颠倒，于涅槃之我而为无我；四、无净颠倒，于涅槃之净而为无净。

⑬**四大**：梵文 Caturmahabhuta 的意译，又称为四界，即地、水、火、风四种构成色法的基本元素。因为四大能够造作各种色法，所以称为“能造四大”，被造作的色法称为“四大所造”。四大的属性分别是坚、湿、暖、动，其作用分别是持（保持）、摄（摄集）、熟（成熟）、

长（生长）。

⑭**六尘：**即眼、耳、鼻、舌、身、意六种感觉器官所缘取的六种外境：色、声、香、味、触、法，因为这六种外境像尘埃一样染污人们的情识，所以称为六尘。因为这六尘能够把人们引入迷妄，所以又称为六妄。又因为它们能够使善法衰灭，所以又称为六衰。因为它们能够劫持善法，所以又称为六贼。六尘属于十二处的外六处，属于十八界的六境。

⑮**空中华：**梵文 khapuspa 的意译，害眼病者，在空中见有花，实际上空中无花。以此譬喻说明妄心所执皆无实体。

⑯**第二月：**害眼病者见到第二个月亮，以此譬喻说明世间之物似有非有，都是幻有，都无实体。

⑰**空实无华：**也含无二月，意思是说，本觉性中，只有如如智和如如理，即智亦如，理亦如，一如无二如，犹如净明眼见晴明空，只有晴虚，迥无所有，既没有四大之身相，也没有缘影之心相。所以认为有身心，都是由于无明妄见而有，空花二月都是因为害眼病似见而有，所以是病者妄执。

⑱**妄执：**意谓虚妄之执念，又执着虚妄之法，持而不离称为执。

⑲**惑：**迷妄之心迷于所对之境，对事理做颠倒错误

的认识，这就称为惑。贪、嗔等烦恼的总名也称为惑。

⑳**虚空**：无的别称，虚无形质，空无障碍，所以称为虚空。虚空有十义：一、无障碍义，二、周遍义，三、平等义，四、广大义，五、无相义，六、清净义，七、不动义，八、有空义，九、义空空（离空之执着，为空之空），十、无得义。

㉑**自性**：梵文 Svabhava 的意译，音译私婆婆，意谓事物的不变不改之性，不依赖于任何事物而独立存在的属性。佛教认为这种自性是不存在的。

㉒**迷彼实华生处**：法身本无身心之相，就如虚空本来无花一样，现在误认为四大为身，如果认为空花实有，这是由于虚妄执着，不仅对本来的法身迷惑不解，也不知道虚妄之身从无明而有，所以称为“迷彼实华生处”。

㉓**轮转**：与轮回同义，有情众生在三界大道轮转生死，不断受苦。

㉔**不可说言有定灭处**：因为生死是迷妄的颠倒，如梦中的事情一样，醒后就知道是空。因为本来没有生，也就没有灭，所以，就如空华一样，没有定灭之处。

译文

这时候，世尊告诉文殊师利菩萨说：好啊！好啊！

善男子啊！你能为各位菩萨，询问如何成佛的修行法门，以及为末世求大乘道的众生们，得到正法，永久保持在世间，使众生不致堕入邪见之中。你现在仔细听，我应当为你解说。

这时候，文殊师利菩萨听到释迦牟尼佛答应说法以后，非常高兴，其他大众也静静地恭听。

善男子！无上法王有大陀罗尼门称为圆觉，从中流出一切清净、真如、菩提、涅槃和波罗蜜，教授历代菩萨。一切如来的本起因地，都是依圆照清净觉相，方能永远断除无明，只有这样，才能成就佛道。

文殊菩萨问：什么是无明呢？

佛回答说：善男子！一切众生从无始以来，有各种各样的错误，犹如迷惑之人，辨别不清方向，错把南方作北方，误将东方作西方等，错误地认为四大为自身之相，于六尘之境现起能缘的影子，作为自己心之实相，就如某人害眼病，见到空中花和第二个月亮一样。

善男子！空中实际上没有花，但害病者生起妄执。由于妄执的缘故，不仅是对这虚空自性迷惑不解，对那花的实际生处也迷惑不解。由于有这种妄执而有轮转生死，所以称为无明。

善男子！所说的这种无明，并不是实有其体。如正在做梦的人，做梦的时候，梦中物并不是没有，到醒以后，才明白都无所有。如各种空花息灭于虚空，不能说有定灭处。为什么呢？因为本来就没有生处。一切众生，在无生当中，虚妄地见到生灭，所以称为轮转生死。

原典

善男子！如来因地修圆觉者，知是空华，即无轮转，亦无身心受彼生死①，非作故无，本性②无故。

彼知觉者，犹如虚空，知虚空者，即空华相，亦不可说无知觉性。有、无③俱遣，是则名为净觉④随顺。

何以故？虚空性故，常不动故，如来藏⑤中无起灭故，无知见故，如法界⑥性，究竟圆满遍十方故，是则名为因地法行。

菩萨因此于大乘中，发清净心。末世众生依此修行⑦，不堕邪见。

尔时，世尊欲重宣此义，而说偈⑧言：

文殊汝当知，一切诸如来，从于本因地，皆以智慧⑨觉⑩。了达⑪于无明，知彼如空华，即能免流转；又如梦中人，醒时不可得。觉者如虚空，平等不动转，觉遍十方界。即得成佛道。众幻灭无处，成道亦无得，本性圆满故。菩萨于此中，能发菩提心；末世诸众生，修此免邪见。

注释

①**生死**：一切有情众生，因其业惑，生了死，死了生，生生死死不断受苦。生死有多种分类，最常见的是二种生死：一、分段生死。一切有情众生，由于有漏善业和不善业，在三界六道的果报生死，其身果报有分分段段之别，所以称为分段生死；二、不思议变易生死。阿罗汉以上圣者之生死，“不思议”是其业用神妙而不测。“变易”意谓无形色之胜劣，无寿期之长短，只是迷惑之思想渐减，证悟渐增，这种迷惑的迁移称为变易。又可以解释为心神念念相传，前后变易。又可以解释为各位圣者所得法身，神化自在，能变能易，所以称为变易。

②**本性**：本来故有之性德。

③**有、无**：有二释：一、有法和无法。如说一切有部的五位七十五法和大乘唯识的五位百法，都是有法，龟毛兔角都是无法。二、有法是常见，即有我法之见；无见是断见，即无我法之见。此中用第一释。

④**净觉**：清净无烦恼之觉悟。

⑤**如来藏**：梵文 Tathagatagarbha 的意译，一切有情众生藏有本来清净的如来法身或佛性，据世亲著《佛性

论·如来藏品》，有三种解释：一、所摄，世间一切有情众生都为如来之性所摄，所以一切众生都是如来藏；二、隐覆，如来之性，被烦恼所隐覆，使之不显；三、能摄，真如虽然在有情众生的烦恼之中，但含有如来的一切功德。由此说明：如来藏是世间众生的根本，一切众生都可以成佛。

⑥**法界**：梵文 dharmadhatu 的意译，音译达摩驮都。有三种解释：一、第六识意识所缘的对象称为法界，这是十八界之一；二、泛指各种事物，“界”为分界，即事物的类别；三、指事物的本源或本质。与真如、空性、实际、实相等同义。《辩中边论》卷上称：“此中说所知空性，由无变义说为真如，真性常如，无转易故；由无倒义说为实际，非诸颠倒，依缘事故；由相灭义说为无相，此中永绝一切相故；由圣智境义说为胜义性，是最胜智所行义故；由圣法因义说为法界，以一切圣法缘此生故。此中界者，即是因义。”

⑦**修行**：意谓如理修习作行，通于身、语、意三业。

⑧**偈**：梵文 Gatha 的意译，音译伽他，佛经中的诗体。

⑨**智慧**：智是梵文 Jnana 的意译，音译若那。慧是梵文 Prajna 的意译，音译般若。决断是智，拣择是慧。知俗谛是智，照真谛是慧。《大乘义章》卷九称：“照见名

智，解了称慧。此二各别，知世谛者，名之为智。照第一义者，说以为慧，通则义齐。”

⑩觉：梵文 Bodhi 的意译，音译为菩提，旧译为道，新译为觉。觉有觉察、觉悟二义。觉察是察知恶事，觉悟是开悟真理。《大乘义章》卷二十末称：“觉有两义：一、觉察名觉，如人觉贼；二觉悟名觉。如人睡寤，觉察之觉对烦恼障，烦恼侵害，事等如贼，唯圣觉知，不为其害，故名为觉。觉悟之觉对其智障，无明昏寝，事等如睡，圣慧一起，朗然大悟，如睡得寤，故名为觉。”

⑪了达：了悟通达事理。

译文

善男子！于如来因地，修行圆觉的人们，知道是空中之花，就没有轮回了，也没有身心接受那种生死，并不是造作而空，其本性是空。

那种知觉之境，就像虚空一样。知虚空之智，即空花之相，也不能说是没有知觉性，有和无都遣除掉，这就称为随顺净觉。

为什么呢？因为虚空之性，因其永恒不动，因为如来藏中没有生起和消灭，没有知见，如法界之性，普遍存在于十方，这就称为因地法行。

菩萨因此于大乘法中，发清净心。末世众生依据佛的这种教诲修行，不会堕入邪见。

这时候，世尊为了重新宣讲这种意思，就以偈颂说：

文殊菩萨！你应当知道：所有的一切三世诸佛，其修行都是从根本因地起步，都是以般若智慧觉悟，知了通达无明，知道它就如空中花朵一样，这就能够免除流转生死。又如正在做梦的人，醒后梦中事物都不存在了。得到觉悟的人，认为万事万物就如虚空一样，平等不二从不动转，若觉悟到法性是普遍充满十方世界的，这样就成就了佛道。各种妄想息灭而无处所，成道也不可得。因为本性圆满，菩萨在此当中，能够发起菩提心。末法时期的各类众生，依此修行，不会堕于邪见。

2　普贤章

原典

于是，普贤[①]菩萨在大众中，即从座起，顶礼佛足，右绕三匝，长跪叉手[②]而白佛言：大悲世尊！愿为此会诸菩萨众，及为末世一切众生修大乘者，闻此圆觉清净境界，云何修行？

世尊！若彼众生知如幻[③]者，身心[④]亦幻，云何以幻还修于幻？若诸幻性一切尽灭，则无有心，谁为修行？云何复说修行如幻？若诸众生本不修行，于生死中常居幻化[⑤]，曾不了知如幻境界，令妄想[⑥]心[⑦]云何解脱[⑧]？愿为末世一切众生，作何方便[⑨]，渐次修习，令诸众生永离诸幻？作是语已，五体投地[⑩]。如是三请，终而复始。

尔时，世尊告普贤菩萨言：善哉！善哉！善男子！

汝等乃能为诸菩萨及末世众生，修习菩萨如幻三昧⑪，方便渐次，令诸众生得离诸幻，汝今谛听⑫，当为汝说。

时普贤菩萨奉教欢喜，及诸大众默然而听。

注释

①**普贤**：梵文 Samantabhadra 的意译，另译遍吉，音译三曼多跋陀罗，中国佛教的四大菩萨之一，相传他应化说法的道场在四川省的峨眉山，释迦牟尼佛的右胁侍，专司理德，与专司智的左胁侍文殊并称，塑像多骑白象。文殊是大智，就是所谓的理观；普贤是大行，就是所谓的事修。《圆觉经》的第一章是代表悟道智慧的文殊，第二章是代表修行的普贤，这是合乎逻辑的安排。

②**叉手**：一种佛教礼节，又称为合掌叉手，即合掌交叉两手。

③**幻**：空法十喻之一，如幻术师变出来的东西，没有实体。《圆觉经略疏》称：“幻者，谓世有幻法，依草木等幻作人畜，宛似往来动作之相，须臾法谢，还成草木。”

④**身心**：佛教认为人的身体是由五蕴构成的，色蕴是身，受、想、行、识四蕴是心。

⑤**幻化**：“幻”是幻术师之所作，“化”是佛、菩萨等

神通力所变化。佛经中以幻化譬喻空法。

⑥**妄想**：不实为“妄”，妄为分别而取种种相，此称妄想。《大乘义章》卷三本称：“凡夫迷实之心，起诸法相，执相施名，依名取相，所取不实，故曰妄想。”

⑦**心**：佛教经典中有多种分类，一般来说分为二心：一汗栗太（Hrdaya）心，即肉团心；二质多（citta）心，即虑知心。

⑧**解脱**：梵文 Moksa 的意译，摆脱烦恼业障的系缚而得自由自在，《成唯识论述记》卷一称：“言解脱者，体即圆寂。由烦恼障缚诸有情，恒处生死。证圆寂已，能离彼缚，立解脱名。”

⑨**方便**：梵文 Upaya 的意译，另译善权、变谋等，音译沤和。全称方便善巧、方便善智，梵文 Upayakausalya 的意译，音译沤和俱舍罗，佛、菩萨度脱众生所采取的灵活手法。

⑩**五体投地**：五体即右膝、左膝、右手、左手、头。五处皆圆，所以五体又称为五轮，五体投地又称为五轮投地。最崇高的佛教礼节。先立正，后合掌，右手褰衣，屈二膝以后，再屈两手，以手摸足，然后顶礼。站起的时候，先起头，再提两肘，再起两膝。

⑪**如幻三昧**：一种禅定，修此禅定能够认识到一切事物的如幻之理，因为一切事物如幻，就不会因此而起

爱心，也不会生起烦恼之憎心，憎爱不生，自心就不会受外境牵动。一切境界不受即为正受，必须由修习如幻而得，所以称为如幻三昧。

⑫**谛听：**意谓审谛而听，即闻而思，思而修，三慧同时而起，才能称为谛听。

译文

于是，在广大徒众中的普贤菩萨，立即从座位上站起来，向佛足顶礼，向右绕三圈，长跪合掌，告诉佛说：大慈大悲的世尊啊！请您为各位来此平等法会求法的菩萨大众，并为末法时期的一切有情众生修大乘菩萨道的人们说明，当听到了这种圆觉清净法门以后，如何修行？

世尊！如果那些众生了知万相如幻，而无实体之假相，身、心也如幻，为什么要以幻还修于幻呢？如果幻心把一切事物都由因缘离散而消灭干净了，就没有心了，谁来修行呢？您为什么又说修行如幻呢？如果各类众生根本不修行，在生死中常居于如幻之假相，犹如幻术师之化作，从来就不了知如幻境界，怎能使妄想心得到解脱呢？但愿佛为末法时期的一切有情众生说明，以何种方便法门，渐次修习，使各类众生永远脱离各种幻境？

这样讲完以后，行五体投地礼。这样恳切地启请三次，请求世尊教诲。

这时候，世尊告诉普贤菩萨说：好啊！好啊！善男子！你能够为了各位菩萨及末法时期的众生，恳求我讲如何修行菩萨道的如幻三昧和渐次证悟的方便法门，使各类众生能够脱离各种幻境。现在你要仔细听，我要为你演说。

当时，普贤菩萨听到佛要说法，非常高兴，在座大众都专心静默而听。

原典

善男子！一切众生种种幻化，皆生如来圆觉妙心[①]，犹如空华，从空而有[②]，幻华虽灭，空性不坏。众生幻心，还依幻灭，诸幻尽灭，觉心不动。[③]

依幻说觉，亦名为幻，若说有觉，犹未离幻，说无觉者，亦复如是，是故幻灭名为不动。[④]

善男子！一切菩萨及末世众生，应当远离一切幻化虚妄境界，由坚执持远离心故，心如幻者，亦复远离。远离为幻，亦复远离。离远离幻，亦复远离。得无所离，即除诸幻。[⑤]譬如钻火，两木相因[⑥]，火出木尽，灰飞烟灭，以幻修幻，亦复如是，诸幻灭尽，不入断灭[⑦]。

善男子！知幻即离[8]，不作方便；离幻即觉[9]，亦无渐次[10]。一切菩萨及末世众生，依此修行，如是乃能永离诸幻。

尔时，世尊欲重宣此义，而说偈言：

普贤汝当知，一切诸众生[11]，无始幻无明，皆从诸如来[12]。圆觉心建立，犹如虚空华，依空[13]而有相[14]，空华若复灭，虚空本不动。幻从诸觉生，幻灭觉圆满，觉心不动[15]故。若彼诸菩萨，及末世众生，常应远离幻。诸幻悉皆离，如木中生火，木尽火还灭。觉则无渐次，方便亦如是。

注释

①**圆觉妙心：**心体不可思议，称之为妙。天台宗认为：别教以如来之真心为妙心，圆教以凡夫之妄心为妙心。圆觉妙心含有世间和出世间的一切事物，不仅是佛具有，一切众生都具有。

②**从空而有：**比喻妙心随缘而起。随缘而起，起即无起，随缘而灭，灭即无灭，所以下文说“幻华虽灭，空性不坏”。

③普贤菩萨提出三个问题，第一个问题是：“若彼众生，知如幻者，身心亦幻，云何以幻还修于幻？”本段就

是回答这个问题：众生幻心，还依幻灭。幻心就是无明，根本无明是出世众生的妄想心，枝末无明是世间众生的妄想心。“还依幻灭”，意谓众生无明幻心，还依幻妄之身心，经过长期修行，使之消灭。

④本段回答普贤菩萨提的第二个问题：“若诸幻性，一切尽灭，则无有心，谁为修行？云何复说修行如幻？”各种幻灭除干净，觉心就不动了，这还是依幻说觉，也称为幻。为什么又称为幻呢？如果说有觉，仍然没有离开幻，因为是对待法，也不能说为无觉。因为说无觉，仍然称为幻，所以说“亦复如是”。因为“无”对“有”来说，也是对待法，所以幻灭名为不动。

⑤本段回答普贤菩萨提的第三个问题：“若诸众生本不修行，于生死中常居幻化，曾不了知如幻境界，令妄想心如何解脱？”对此回答如下：当今现前一切菩萨和末法时期发清净心的人，应当远离一切诸幻虚妄境界。在此说明应当修行。因为普贤菩萨在此提的问题是：恐怕末世众生听说如幻，就知道不真实，何必修行呢？佛对此说明如下：因为是幻化虚妄境界，所以必须要修行而远离之。幻妄境界，含法甚多，远离并不容易，所以要下定决心，坚持修行。此心也是幻，也应当远离，这是第一离；离也是幻，也应当远离，这是第二离；远离之念也是幻，也应当远离，这是第三离。

⑥**两木相因**：两根木头互相为因，因此而有彼，因彼而有此，相待而成立，所以二者都是不真实的，都是假有。

⑦**断灭**：各种事物因果各别，所以不是常，因果相续，所以不是断，认为无此因果相续之理，即谓断灭之见，即断见，这是一种邪见。《圆觉经》的观点是非有非无，非常非断。

⑧**知幻即离**：既然知道各种事物如幻，但是自己并不执着，不执着就是离，所以说"知幻即离"。

⑨**离幻即觉**：既然是"知幻即离"，则离无所离。既然是离于幻，圆觉妙心昭昭不昧，所以说"离幻即觉"。

⑩**亦无渐次**：即顿悟法门，又称为顿了，无须长期修行，一旦掌握了佛教真理，即可突然觉悟。

⑪**诸众生**：包括六道四生，众生由于前生的善恶行为而有六种轮回转生途径，即地狱、饿鬼、畜生、阿修罗（Asura，一种恶神）、人、天。四生即众生的四种出生形式：卵生（如鸡、鸟等）、胎生（人、畜生等）、湿生（又称为因缘生，如腐肉中虫、厕中虫等）、化生（借业力出生者，如天神、饿鬼和地狱中的受苦众生）。

⑫**皆从诸如来**：此中"如来"不是释迦牟尼佛，而是诸佛法身。法身是梵文 Dharma ǖ kaya 的意译，与真如、法界、佛性等同义，佛教认为法身是世界本源，世间一

切都是由佛的法身变现的，所以幻无明是从诸如来而生。

⑬**空**：梵文Sunya的意译，音译舜若。佛教认为一切事物都是因缘和合而成，没有质的规定性和独立实体，这是假有幻有，而不是实有，这就称为空，即理体的空寂明净。小乘佛教主张我空，大乘佛教主张我空、法空，甚至于空空，"空"也是空。大乘佛教中观学派主张当体空，不用分解，本身就是空。正如《心经》所说的："色不异空，空不异色，色即是空，空即是色。"大乘唯识学派主张阿赖耶识缘起自性空。

⑭**相**：梵文Laksana的意译，音译攞乞尖拏。即事物的相状，表于外而想象于心，就称为相，有为法有生（产生）、住（持续）、异（变异）、灭（毁灭）。《华严经》认为有六相：总相、别相、同相、异相、成相、坏相。

⑮**觉心不动**：觉心佛性，在圣不增，在凡不减，修行只是去掉烦恼缠缚。

译文

善男子！一切有情众生的种种事物都是幻化，都是从如来的圆觉妙心产生出来的，就像空花一样，是从空而有，幻觉之花虽然灭了，空性却不被破坏。有情众生的幻心，还是幻起幻灭，各种幻都灭除干净了，觉心仍然不动。

依据幻而说觉，觉也称为幻。如果说有觉，仍然没有离开幻；如果说没有觉的话，也是这样，所以说幻灭称为不动。

善男子！所有的一切菩萨和末世众生，应当远离一切幻化的虚妄境界，由于坚决执持远离心的缘故，因为心如幻，也应当远离。远离也是幻，离远离幻，也应当远离。达到无所离的境界，就是消除了各种幻。这就像钻木取火一样，两根木头相互为因，火燃出木烧尽，灰飞走烟消灭，以幻修幻，也是这样。就是各种幻都消灭干净了，也不落入断灭见之中。

善男子！知道各种事物如幻，妄想立即就离开了，没必要施用种种方便法门，离开妄念幻想，就是觉悟，也就没有渐次了。一切菩萨和末法时期的有情众生，按照这种方式去修行，这样就能够永远脱离各种幻。

这时候，世尊为了重新宣讲这个意思，而说如下偈颂：

普贤菩萨！你应当知道，所有的一切各类众生，无始以来而有的幻无明，都从各种如来而生。圆觉心的建立，犹如空中之花，依据空而有的相貌，假若空花灭了，虚空根本就不动。幻从诸觉而生，梦幻境界破灭之后，就是圆满觉醒，因为觉心不动。假若那些修学菩萨道者和末法时期的一切众生，应当永远脱离幻境。一切幻境都要脱离，就如木中生火一样，木头烧完了，火也就灭了。觉悟的话就没有所谓渐次的问题，方便法门也是这样（没有所谓方便非方便的问题）。

3 普眼章

原典

于是，普眼菩萨[①]在大众中即从座起，顶礼佛足，右绕三匝，长跪叉手而白佛言：大悲世尊！原为此会诸菩萨众，及为末世一切众生，演说菩萨修行渐次，云何思惟[②]？云何住持？众生未悟[③]，作何方便普令开悟[④]？

世尊！若彼众生无正方便及正思惟[⑤]，闻佛如来说此三昧，心生迷闷[⑥]，即于圆觉不能悟入[⑦]，愿兴慈悲[⑧]，为我等辈及末世众生假[⑨]说方便。作是语已，五体投地。如是三请，终而复始。

尔时，世尊告普眼菩萨言：善哉！善哉！善男子！汝等乃能为诸菩萨及末世众生，问于如来修行渐次，思惟、住持，乃至假说种种方便[⑩]，汝今谛听，当为汝说。

时普眼菩萨奉教欢喜，及诸大众默然而听。

注释

①**普眼菩萨**：即观世音菩萨，因为他有千手千眼，在两眼两手下，左右各具二十手，手中各有一眼，共四十手四十眼，各配二十五有（三界中二十五种有情众生存在的环境，包括四洲、四恶趣、六欲天等），而成千手千眼。因为观世音菩萨的慈眼普观一切有情众生，所以称为普眼菩萨。

②**思惟**：思量所对之境，进行辨别。

③**悟**：与觉同义，对于迷惑而言，从迷梦觉醒称为觉，与觉悟同义。

④**开悟**：意谓开智悟理，使愚昧众生觉悟起来，或愚昧众生得到觉悟，都称为开悟。

⑤**正思惟**：梵文 Samyak—sajkalpa 的意译，八正道之一，又称为“正思”“正志”等，对四谛等佛教义理的正确思惟。

⑥**迷闷**：“迷”意谓迷于“我”，以我相扰乱其心。“闷”意谓闷于“法”，以法相隐覆法性（事物的真实属性），所以迷闷就是我执和法执。

⑦**悟入**：悟实相之理，入于实相之理。

⑧**慈悲**：梵文 Maitr-karuna 的意译，佛、菩萨爱护众生，给予欢乐，叫作慈；怜悯众生，拔除痛苦，叫作悲。《大智度论》卷二十七称："大慈与一切众生乐，大悲拔一切众生苦。"大乘佛教以此异于小乘，作为进入世间"普度众生"的重要依据，所以把慈悲作为佛道之本。有三种慈悲：(一) 众生缘慈悲，这是小悲，对众生的慈悲，这是凡夫的慈悲；(二) 法缘慈悲，这是中悲，觉悟到诸法无我之理所起的慈悲，这是声闻、缘觉以及初地以上菩萨的慈悲；(三) 无缘慈悲，这是大慈悲，离一切差别，心无所缘，这是佛的慈悲。这三种慈悲统称为三缘慈悲，简称为"三慈"。

⑨**假**：假借之义。各种事物各无实体，借他而有，所以称为假，如借诸蕴而有众生，借栋梁而有房屋。所以"假"是虚妄不实之义。《成唯识论述记》卷一本认为有二假：无体随情假。如凡夫所执我、法，我、法本来没有实体，但随有情众生的妄想而立我、法之名；有体施设假。五蕴和合假说我、法。《大智度论》卷四十一认为有三假：法假。色、心诸法皆无自性；受假。总法含受别法而成一体，如含受四大而成草木，五蕴和合而成众生；名假。没有与名称相应的实物，名字虚假不实。《成实论》主张有四假：因生假。相当于三假中的法假；缘成假。相当于前三假的受假；相待假。如长短等相待

而成立，并无实体；相续假。如一念之色声，不成身语业，色声相续，才能成为身语业。

⑩假说种种方便：第二章《普贤章》说明“知幻即离”，不作方便，这是顿悟法门，利根众生闻此可以悟道，钝根众生不能因此而悟道，为了适应钝根众生的需要，普眼菩萨请佛假说方便。

译文

于是，在广大徒众中的普眼菩萨，立即从座位上站起来，向佛足顶礼，向右绕三圈，长跪合掌，告诉佛说：大慈大悲的世尊啊！请您为各位来此平等法会求法的菩萨大众，并为末法时期的一切有情众生，说明菩萨修行的渐次法门，如何思惟？如何使正法久住于世？当有情众生还没有开悟的时候，用什么方法才能够普遍地使他们很快开悟呢？

世尊！假若那些有情众生，没有教给他们正确的修行方法，没有告诉他们正确的思惟方式，只听如来说这三昧，其心就要迷惑纳闷，对于圆觉法门不能悟入，但愿我佛慈悲，为我们这些人及末法时期的有情众生，指点方法。这样讲完以后，行五体投地礼。这样恳切地启请了三次，请求世尊教诲。

这时候，世尊告诉普眼菩萨说：好啊！好啊！善男子！你能够为各位菩萨及末法时期的有情众生，问如来如何一步一步地修行？如何思惟？如何定住如来境界？乃至于借用种种方法，使众生悟道。你现在要好好地听，我应当对你说。普眼菩萨听到佛答应说法的时候，非常高兴，在座的大众都静默聆听。

原典

善男子！彼新学菩萨及末世众生，欲求如来净圆觉心，应当正念①，远离诸幻。先依如来奢摩他②行，坚持禁戒③，安处徒众，宴坐④静室。恒作是念：我今此身四大⑤和合，所谓发、毛、爪、齿、皮、肉、筋、骨、髓、脑、垢、色，皆归于地⑥；唾、涕、脓、血、津、液、涎、沫、痰、泪、精、气、大小便利，皆归于水⑦；暖气归火⑧；动转归风⑨。四大各离，今者妄身当在何处？即知此身毕竟无体，和合为相，实同幻化，四缘⑩假合，妄有六根⑪。六根、四大，中外⑫合成，妄有缘气于中积聚，似有缘相，假名为心。

善男子⑬！此虚妄心，若无六尘⑭，则不能有，四大分解，无尘可得；于中缘尘⑮各归散灭，毕竟无有缘心可见。

善男子！彼之众生，幻身灭故，幻心亦灭[16]；幻心灭故，幻尘亦灭[17]；幻尘灭故，幻灭亦灭[18]；幻灭灭故，非幻不灭[19]。譬如磨镜，垢尽明现[20]。

善男子！当知身心皆为幻垢[21]，垢[22]相永灭，十方清净。

善男子！譬如清净摩尼[23]宝珠[24]映于五色[25]，随方各现，诸愚痴者见彼摩尼实有五色。[26]

善男子！圆觉净性现于身心[27]，随类各应，彼愚痴者，说净圆觉实有，如是身心自相，亦复如是。由此不能远于幻化，是故我说身心幻垢，对离幻垢，说名菩萨。垢尽对治，即无对垢及说名者。

注释

①**正念：**梵文 Samuyaksmrti 的意译，八正道之一，意谓明记四谛等佛教真理。在此“正念”是最初所下的功夫，“正念”意谓无念，凡是起心动念，在圆觉体中，都是幻化。意在一念不生，则诸妄自灭，所以称为“远离诸幻”。

②**奢摩他：**梵文 Samatha 的音译，意译为止、止寂等，禅定的异名之一，意谓使心止于一处，常与观连用，称为止观。止除妄，观证真理。止为禅定，观为智慧。

修止有三：系缘守境止。系心于鼻端、脐间等处，使心不散；制心止。制心使之不驰散；体真止。知一切法由因缘而生，没有自性，使心不取诸法，使妄念止息。此中用体真止。

③**戒**：梵文 Sila 的意译，音译尸罗，意谓防禁身心之过。佛教为在家和出家信徒所制定的戒规。戒法、戒体、戒行、戒相是戒之四科。戒法是如来所制法规；戒体是由于受授作法而领纳戒法于心性，生防非止恶之功德；戒行是随其戒体而如法动作身、语、意三业；戒相即五戒、八戒、十戒、二百五十戒等。

④**宴坐**：即身心寂静，正如《大智度论》所说的“不依身，不依心，不依三界，于三界中不得身心，是名宴坐”。身、心俱寂，连空也是空。

⑤**四大**：梵文 Caturmahabnuta 的意译，又称为“四界”。指地、水、火、风四种构成色法的基本元素。因为它们能够造作一切色法，所以称为“能造四大”，被造作的各种色法，称为“四大所造”。四大的属性分别是坚、湿、暖、动，四大的作用分别是持（保持）、摄（摄集）、熟（成熟）、长（生长）。

⑥**地**：梵文 Prthiv、Talima、Bhumi 的意译，以能生、能依为义。

⑦**水**：即四大之一的水大，存在于一切色法当中，

以湿润为性，其作用是摄集。

⑧**火**：即四大之一的火大，以温热为其属性，以调熟为其作用，普遍存在于一切物质世界。

⑨**风**：四大之一的风大，其属性为动，其作用是长。

⑩**四缘**：指见、闻、觉、知，因为这四性都有能缘之义，以四性和合，妄有根相，见为眼根，闻为耳根，觉为鼻、舌、身三根，三根总名为觉，知为意根。

⑪**六根**：根是梵文 indriya 的意译，意谓能生，是促进增生作用的根本，如眼根能生眼识，耳根能生耳识等。六根即眼、耳、鼻、舌、身、意六种感觉器官，分别缘取色、声、香、味、触、法六尘。

⑫**中外**："中"即内，即眼、耳、鼻、舌、身、意六根，"外"即地、水、火、风四大。

⑬**善男子**：佛教称在家、出家男性信徒为善男子，赞美其信佛闻法之德。称其女性信徒为善女人。

⑭**六尘**：即色、声、香、味、触、法六种外境，因为这六种外境能够染污净心，触身成垢，所以称为六尘。

⑮**缘尘**：即眼、耳、鼻、舌、身、意六种能缘之根和色、声、香、味、触、法六尘，六根、六尘合称十二处。

⑯**幻身灭故，幻心亦灭**：这是一种禅定境界，首先是幻身灭除，然后是幻心灭除，达到无我境界，即我空。

⑰**幻心灭故，幻尘亦灭**：由我空而达法空。“尘”即色、声、香、味、触、法六尘，代表外境，“幻尘亦灭”是法空境界。

⑱**幻灭亦灭**：这是第三空——空空。

⑲**非幻不灭**：达到三空以后，就是法性真如的实体，所以称为“非幻”。这种非幻之体是没有穷尽的，所以是“不灭”。

⑳**譬如磨镜，垢尽明现**：求净圆觉，就像磨镜一样，幻身、幻心、幻尘、幻灭，就像尘垢一样隐覆真如，身灭、心灭、尘灭乃至幻灭亦灭，就像镜垢灭尽以后，就显现真如，显现镜的光明。

㉑**幻垢**：有情众生的身心，没有实体，虚幻不实，所以称之为幻。有漏不净，所以称之为垢。

㉒**垢**：梵文 Mala 的意译，音译摩罗。妄惑垢心性，所以称为垢。《大乘义章》卷五本称：“流注不绝，其犹疮漏，故名为漏；染污净心，说以为垢，能惑所缘，故称为惑。”烦恼的异名。《俱舍论》卷二十一认为有六垢：恼、害、恨、谄、诳、憍，《瑜伽师地论》卷七十四认为有七垢：欲垢、见垢、疑垢、慢垢、骄垢、随眠垢、悭垢。

㉓**摩尼**：梵文 Mani 的音译，另译末尼，意译珠宝、离垢、如意等。宝珠之总名。《一切经音义》卷上称：“摩

尼，正云末尼，末谓末罗，此云垢也。尼谓离也，谓此宝光净，不为垢秽所染也。”又称：“末尼此曰增长，谓有此宝处，必增其威德，旧翻为如意、随意等，逐义译也。”

㉔**宝珠**：即摩尼珠，又称为如意珠（Cintamani），相传这种宝珠出自龙王或摩羯鱼（身长二十八万里）的脑中，或是佛的舍利变成，相传佩戴此珠，毒不能害，火不能烧，心想事成。

㉕**五色**：即青、黄、赤、白、黑五种颜色，宗密著《圆觉经略疏》认为：这五种颜色代表五道：地狱、饿鬼、畜生、人、天，明代沙门憨山释德清撰《圆觉经直解》认为：这五种颜色代表构成人身的色、受、想、行、识五蕴。

㉖据宗密著《圆觉经略疏》，本段比喻唯识三性，摩尼宝珠比喻圆成实性，显现五种颜色是依他起性，愚痴众生认为实有五色，是遍计所执性。

㉗**身心**：有情众生的正报。五蕴之中的色蕴是身，受、想、行、识四蕴是心。

译文

善男子！你说的那些刚学佛的菩萨及末法时期的有

情众生，要想求得如来的净圆觉心，就应当正念，以此正念远离各种幻境，首先要依如来的“止”而修行，然后坚持禁戒，带领徒众，在寂静的房舍里宴坐。总是这样思惟：我现在这个身体是四大和合而成，所谓发、毛、爪、齿、皮、肉、筋、骨、髓、脑、垢、色，都归于地；唾、涕、脓、血、津、液、涎、沫、痰、泪、精、气、大小便利，都归于水；暖气归于火；动转归于风。如果是四大各自分离，现在这个虚妄身体应当在哪里呢？由此可知，这个身体毕竟是没有实体，四大和合为其表相，实际上与幻化是相同的，我们的身体是由四性因缘假合而成，在这假合的身体上妄有六根。六根和四大，内外和合而成此身，由于虚妄而有的条件——气，在身中积聚，好像是有因缘之相，假立之名为心。

善男子！这种虚妄心，如果没有六尘的话，就不会存在。如果四大分解的话，则无六尘可得；此中能缘之根和所缘之尘，各归散灭，生命结束，能缘之心终究不可得。

善男子！那些求净圆觉心的有情众生，因为虚幻身灭除了，虚幻之心也就灭除了；因为虚幻之心灭除了，虚幻之尘也就灭除了；因为虚幻之尘灭除了，虚幻之灭也就灭除了；因为幻灭灭除了，非幻则不灭除。就像磨镜一样，污垢灭尽，光明显现。

善男子！应当知道，人的身心都是虚幻不实的污垢，污垢之相永远灭除以后，即达十方清净。

善男子！比如清净的摩尼宝珠一样，能够映现出五种颜色，随应不同的方向而现不同的颜色。各种愚昧无知的有情众生，认为摩尼宝珠真实而有五种颜色。

善男子！圆觉的清净本性，就体现在有情众生的身心上，它随顺适应各类不同的有情众生。但是那些愚昧无知的有情众生，把净圆觉的变现误认为实有，认为这样的身心自相，也是实有。因此，不能远离幻化。所以，我要告诉大家：我们现有的身心都是幻垢。如果能够脱离这种幻垢，就称之为菩萨。把幻垢对治干净以后，就不存在对治幻垢的东西了，也不需要再叫什么名称了。

原典

善男子！此菩萨及末世众生，证得诸幻灭影像故，尔时便得无方清净，无边虚空，觉所显发。觉圆明故，显心清净。心清净故，见尘[①]清净；见[②]清净故，眼根[③]清净；根[④]清净故，眼识[⑤]清净；识[⑥]清净故，闻尘[⑦]清净；闻清净故，耳根[⑧]清净；根清净故，耳识[⑨]清净；识清净故，觉尘[⑩]清净。如是，乃至鼻[⑪]、舌[⑫]、身[⑬]、意[⑭]，亦复如是。

善男子！根清净故，色尘[15]清净；色[16]清净故，声尘[17]清净。香[18]、味[19]、触[20]、法[21]，亦复如是。

善男子！六尘清净故，地大[22]清净；地清净故，水大[23]清净。火大[24]、风大[25]，亦复如是。

注释

①**见尘**：即眼所见的色尘。

②**见**：梵文 Darsana 的意译，意谓思虑推求而抉择事理，即见解，通正、邪二种。

③**眼根**：六根（眼根、耳根、鼻根、舌根、身根、意根）之一，发生眼识之所依，地、水、火、风四大种之所造，分胜义根、扶尘根二种。眼睛看不见的发生眼识之功能是净色根，亦称胜义根，可以看见的眼球是扶尘根。

④**根**：梵文 Indriya 的意译，意谓能生，是促进增生作用的根本，如眼根能生眼识，耳根能生耳识等。共有二十二根：眼根、耳根、鼻根、舌根、身根、意根、女根、男根、命根、苦根、乐根、忧根、喜根、舍根、信根、精进根、念根、定根、慧根、未知当知根、已知根、具知根。

⑤**眼识**：六识（眼识、耳识、鼻识、舌识、身识、

意识）之一，以眼根为所依所生之识，其功能是了别色境，随能生之眼根而立眼识之名。《三藏法数》卷二十一称：“眼根由对色尘，即生其识，此识生时但能见色，是名眼识。”

⑥**识**：梵文 Parijnana 的意译，音译婆哩若儞，心之异名，了别为义，心对于境起了别作用就是识。唯识宗认为有八识：眼识、耳识、鼻识、舌识、身识、意识、末那识、阿赖耶识。

⑦**闻尘**：即所闻之尘，六尘（色尘、声尘、香尘、味尘、触尘、法尘）之一的声尘，因为是耳根所闻，所以称为闻尘。

⑧**耳根**：六根之一，发生耳识之所依，地、水、火风四大种之所造，分胜义根、扶尘根二种，眼睛看不见的发耳识之功能，即为净色根，亦称胜义根。可以看见的肉耳，是扶尘根。

⑨**耳识**：六识（眼识、耳识、鼻识、舌识、身识、意识）之一，以耳根为所依所生之识，其功能是了别声境，依能生之耳根而立耳识之名。

⑩**觉尘**：即六识所缘的外境，也就是六尘：色尘、声尘、香尘、味尘、触尘、法尘。

⑪**鼻**：即鼻根，六根（眼根、耳根、鼻根、舌根、身根、意根）之一，生鼻识所依之根，地、水、火、风

四大种之所造，分胜义根、扶尘根二种，眼睛看不见的生鼻识之功能，是净色根，亦称胜义根。能看见的肉鼻是扶尘根。

⑫**舌**：即舌根，六根之一，生舌识所依之根，地、水、火、风四大种之所造，分胜义根、扶尘根二种，眼睛看不见的生舌识之功能，是净色根，亦称胜义根。能看见的肉舌是扶尘根。

⑬**身**：即身根，六根之一，生身识所依之根，地、水、火、风四大种之所造，分胜义根、扶尘根二种，眼睛看不见的生身识之功能，是净色根，亦称胜义根。看得见的肉身是扶尘根。

⑭**意**：即意根，六根（眼根、耳根、鼻根、舌根、身根、意根）之一，生意识所依之根，前五根（眼根、耳根、鼻根、舌根、身根）是色法，第六根意根是心法。

⑮**色尘**：六尘（色尘、声尘、香尘、味尘、触尘、法尘）之一，是眼识依眼根所缘的外境，因为它染污眼识，所以称为色尘。包括三种：（一）显色，即青、黄等色；（二）形色，即长、短等；（三）表色，即取、括等色。三种色中，只有显色实有，形色和表色都是依显色分位上的假立，所以没有实体。

⑯**色**：梵文 Rupa 的意译，从广义上讲，有变坏、质碍的物质现象，都是色法，相当于五蕴中的色蕴，包括

眼、耳、鼻、舌、身五根和色、声、香、味、触五尘，还有属于精神现象的无表色。从狭义上来讲，是眼识所缘的对象——色境。

⑰**声尘：**耳识依耳根所缘的外境，包括十一种：(一) 内缘声，有情众生发出的声音；(二) 外缘声，风、林等无情发出的声音；(三) 内外缘声，如手击鼓的声音；(四) 可意声，顺心之声；(五) 不可意声，(六) 俱相违声；(七) 世所共成声；(八) 成所引声，佛教圣人说的话；(九) 遍计所执声，外道虚妄计度所起的言教；(十) 圣言所说声，依见闻觉知所起的真实语；(十一) 非圣言所说声，依见闻觉知所起的虚妄语。

⑱**香：**即香尘，鼻识依鼻根所缘的外境，称为香。分为好香、恶香、平等香、俱生香、和合香、变异香六种。对身体起顺适作用的香，是好香。臭是恶香。对身体既无好处又无坏处的香，是平等香。其香气与本质俱时生起，称为俱生香。和合香是由各种香料和合制成的线香、末香等。变异香是水果成熟而产生的香味。

⑲**味：**即味尘，舌识依舌根所缘的外境，共分十二种：苦、酸、甘、辛、咸、淡、可意、不可意、俱相违、俱生、和合、变异。

⑳**触：**即触尘，是身识依身根所缘的外境。共二十六种——地、水、火、风、滑、涩、轻、重、软、暖、

急、冷、饥、渴、饱、力、劣、闷、痒、黏、病、老、死、疲、息、勇。此中分为能造触、所造触二类，地、水、火、风四大种是能造触，这是触境的实体，坚劲为地，流湿为水，温热为火，轻动为风。其余的二十二种是所造触。

㉑**法**：梵文Dharma的意译，即法尘，称为法处所摄色。是意识依意根所缘的外境。共分五种：(一) 极略色。依假想观，分析土、木、金、石等实色，至其边际，假立极微之名，这就是极略色；(二) 极迥色。依假想观，分析光、影、明、暗等假色，至其边际，假立极微之名，这就是极迥色；(三) 受所引色。因受诸戒所引发的无表色，因教因师而领受，依受而发起，所以称为受所引；(四) 遍计所起色。独散意识虚构的五根、五境等影像色；(五) 定所生色。又称为定自在所生色或定果色，由于禅定力所变现的色等五境。

㉒**地大**：四大（地大、水大、火大、风大）之一，"大"有四义：所依大、体性宽广大、形相大、起用大。地大以坚为其属性，以持为其作用。人身之发、毛、爪、齿、皮、肉、筋、骨、髓、脑、垢、色等，都归于地大。

㉓**水大**：四大之一，其属性是湿，其功能是摄集，人身之唾、涕、脓、血、津、液、涎、沫、痰、泪、精、气、大小便利，都归于水大。

㉔**火大：**四大之一，其属性是暖，其功能是成熟，人身之暖都归于火。

㉕**风大：**四大之一，其属性是动，其功能是生长，人身之动转都属于风。

译文

善男子！这些菩萨和末法时期的有情众生，证得各种幻境灭除，各种表相只不过是净圆觉的影像而已。此时即得十方清净，无边无际的虚空，这些都是彻觉彻悟所显发的作用。因为觉心圆满，明净可知，阿赖耶识之心就显得清净了；因为心清净了，眼睛所见的色尘都是清净的；因为见是清净的，眼根也是清净的；因为根是清净的，眼识也是清净的；因为识是清净的，所闻尘也是清净的；因为闻是清净的，耳根也是清净的；因为根是清净的，耳识也是清净的；因为识是清净的，觉尘也是清净的。乃至于鼻、舌、身、意，也是这样。

善男子！因为根是清净的，色尘也是清净的；因为色是清净的，声尘也是清净的。香尘、味尘、触尘、法尘，也是这样。

善男子！因为六尘清净了，地大也就清净了；因为地清净了，水大也就清净了。火大、风大，也是这样。

原典

善男子！四大清净故，十二处①、十八界②、二十五有③清净。彼清净故，十力④、四无所畏⑤、四无碍智⑥、佛十八不共法⑦、三十七助道品⑧清净。如是，乃至八万四千⑨陀罗尼⑩门，一切清净。

善男子！一切实相⑪性清净故，一身⑫清净；一身清净故，多身⑬清净；多身清净故，如是，乃至十方众生圆觉⑭清净。

善男子！一世界清净故，多世界清净；多世界清净故，如是乃至尽于虚空，圆裹三世⑮，一切平等⑯，清净不动⑰。

注释

①十二处：梵文 Dvadasayatana 的意译，三科（五蕴、十二处、十八界）之一，指眼、耳、鼻、舌、身、意六根和色、声、香、味、触、法六尘，因为根和境是产生心法和心所法的处所，所以称为十二处。又因为根与境互相涉入，所以十二处又称为十二入。

②十八界：梵文 Astadasadhatu 的意译，可以是对世界一切现象所做的分类，或说一人一身具此十八界。其

中包括能够发生认识功能的六根：眼根、耳根、鼻根、舌根、身根、意根，作为认识对象的六境：色境、声境、香境、味境、触境、法境，以及由此生起的六识：眼识、耳识、鼻识、舌识、身识、意识。

③**二十五有**：有情众生在三界中的二十五种生存环境，《大般涅槃经》卷二十五称："被无明枷，系生死柽，达二十五有，不能得离。"其中包括欲界十四有，即四恶趣（地狱、饿鬼、畜生、阿修罗）、四洲（东胜神洲、南赡部洲、西牛货洲、北俱卢洲）、六欲天（四天王天、忉利天、夜摩天、兜率天、乐变化天、他化自在天）；色界七有，包括四禅天和初禅中的大梵天，再加第四禅中的净居天与无想天；无色界四有：识无边处、空无边处、无所有处、非想非非想处。

④**十力**：梵文 Dasabala 的意译，佛具有的十种智力：（一）知觉处非处智力，"处"意谓道理，知道事物合理与不合理的智力；（二）知三世业报智力，知一切有情众生三世因果业报的智力；（三）知诸禅解脱三昧智力，知道各种禅定及八解脱、三三昧的智力；（四）知众生上下根智力，知道有情众生的能力和性质优劣的智力；（五）知种种解智力，知道有情众生的种种知解的智力；（六）知种种界智力，知道有情众生素质和境界的智力；（七）知一切至处道智力，知道转生人、天和达到涅槃等

因果的智力；(八) 知天眼无碍智力，以天眼见知有情众生的生死及善恶业缘的智力；(九) 知宿命无漏智力，知道有情众生的宿命和无漏涅槃的智力；(十) 知永断习气智力，知道永断烦恼惑业不再流转生死的智力。据《华严经》等，菩萨也具有十力：深心力、增上深心力、方便力、智力、愿力、行力、乘力、神变力、菩提力、转法轮力。此中指佛的十力。

⑤**四无所畏**：亦称四无畏，无畏是梵文 Vaisaradya 的意译，意谓在传教说法的时候，充满自信，无所畏惧。有佛四无畏和菩萨四无畏两种，佛四无畏如下：(一) 正等觉无所畏。又称为诸法现等觉无畏、一切智无所畏。对自己已经证得的佛位充满自信，成佛即具“一切智”；(二) 漏永尽无畏。又称为一切漏尽智无畏、漏尽无所畏，已经断绝一切烦恼，对此充满自信；(三) 说障法无畏。又称为障法不虚决定授记无畏、说障道无所畏，对已说明障碍修道的“愚暗法”的自信；(四) 说出道无畏。又称为证一切具足出道如性无畏、说尽苦道无所畏。对已经超离苦难而达到解脱的自信。据《大智度论》卷五，菩萨四无畏如下：(一) 能持无所畏。对能诵记解说佛法的自信；(二) 知根无所畏。对了解有情众生的根机深浅并应机说法的自信；(三) 决疑无所畏。对解决众生疑难的自信；(四) 答报无所畏。对圆满回答听者询问的

自信。这里是佛四无畏。

⑥**四无碍智：**又称为四无碍辩、四无碍解，是各位菩萨说法时的智辩，对于意业而说称为四无碍解或四无碍智，对于口业来说称为四无碍辩。(一) 法无碍。名、句、文所讲的教法称为法，于教法无滞，称为法无碍；(二) 义无碍。知晓教法所诠义理而无滞碍，称为义无碍；(三) 辞无碍。又称为词无碍，对于各种言辞通达自在，称为辞无碍；(四) 乐说无碍。又称为辩说无碍，为众生乐说自在，称为乐说无碍，契于正理而言说皆无滞碍。

⑦**佛十八不共法：**佛具有的十八种功德法，不共同于二乘菩萨，所以称为不共法。(一) 身无失。佛自无量劫以来，常用戒、定、慧以修其身；(二) 口无失。佛具有无量智慧之辩才，因人而宜说法，使之证悟；(三) 念无失。佛修甚深禅定，心不散乱；(四) 无异想。佛对于一切众生，平等普度，心无拣择；(五) 无不定心。佛于行、住、坐、卧，永远不离甚深禅定；(六) 无不知已舍心。佛于一切诸法皆悉照知而方舍；(七) 欲无灭。佛度众生，永无厌足；(八) 精进无灭。佛之身心，永远精进，永不休息；(九) 念无灭。三世诸佛之法，没有退转；(十) 慧无灭。佛具有一切智慧，无量无际，永不可尽；(十一) 解脱无灭。佛具二种解脱，一是有为解脱，

二是无为解脱。烦恼断尽而无余；（十二）解脱知见无灭。佛于一切解脱中，知见明了，分别无碍；（十三）一切身业随智慧行。（十四）一切口业随智慧行；（十五）一切意业随智慧行；（十六）智慧知过去世无碍；（十七）智慧知未来世无碍；（十八）智慧知现在世无碍。

⑧三十七助道品：又称为三十七品、三十七道品、三十七分法、三十七菩提分法。“道”是能通之意，是到达涅槃解脱的资粮。三十七助道品包括四念处、四正勤、四如意足、五根、五力、七觉支、八正道。四念处如下：观身不净、观受是苦、观心无常、观法无我。四正勤如下：（一）如果恶法未生，即努力防止生恶；（二）如果是已经生恶，应当努力断除；（三）如果善法未生，应当努力使之产生；（四）如果是善法已生，应当是坚持到底，使之圆满。

四如意足如下：（一）欲如意足。由想达到神通的意欲之力发起的禅定；（二）念如意足。又称为心如意足，由心念之力发起的禅定；（三）精进如意足。由不断止恶进善力发起的禅定；（四）慧如意足。又称为观如意足、思惟如意足等，由思惟佛理发起的禅定。修行这些禅定，可以生起神通变化如意自在的能力。

五根是修行佛法所依靠的五种内在条件：（一）信根。对佛教的坚定信仰；（二）精进根。又称为勤根，即

"四正断";(三)念根。即四念处;(四)定根。即四禅;(五)慧根。因智慧具有照破一切,生出善法之能力,可成就一切功德,以至成道,故称慧根。

五力是由于信等五根的增长,所产生的五种修行、达到解脱的力量。《大智度论》卷十九称:"五根增长,不为烦恼所坏,是名为力。"五力如下:(一)信力。对佛教的信仰虔诚,其力可以破除一切邪信;(二)精进力。修四正断,可以断除一切恶念;(三)念力。修四念处,其力可以获得正念;(四)定力。专心修习禅定,其力可以断除情欲烦恼;(五)慧力。观悟四谛,成就智慧,可以达到解脱。

七觉支,又称为七觉分、七等觉支、七觉意、七菩提分等,"觉支"是梵文 Sambodhianga 的意译,七觉支是达到成佛觉悟的七种次第或组成部分。(一)念觉支。忆念佛法而不忘;(二)择法觉支。以佛法为准,分辨是非;(三)精进觉支。努力修行,坚持不懈;(四)喜觉支。因为觉悟善法,心生欢喜;(五)猗觉支。又称为轻安觉支,因为断除烦恼粗重,使身心安适愉快;(六)定觉支,心专注一境,而不散乱;(七)舍觉支。舍除一切分别,平等对待一切人和物,心无偏斜。

八正道,又称为八圣道、八支正道、八圣道分等,八种通向涅槃解脱的途径:(一)正见。对四谛等佛教真理的正确见解；（二）正思惟。又称为正思、正志等，对四谛等佛教义理的正确见解；（三）正语。修口业，不说不符合佛教义理的话；（四）正业。又称正行、谛行。即离杀生、不与取等；（五）正命。按照佛教戒律，过正当合法的生活；（六）正精进。又称为正勤、正方便等，勤修涅槃之道法；（七）正念。明记四谛等佛教真理；（八）正定。正确修行佛教禅定。八正道能使人由凡入圣，由生死此岸到达涅槃彼岸，所以又称为八船、八筏等。

⑨**八万四千**：形容佛的教法之多，常用八万四千之数，略云八万。如八万四千烦恼、八万四千法门等。

⑩**陀罗尼**：梵文 Dharani 的音译，另译陀罗那、陀邻尼等，意译为持、总持等。有能持、能遮二义。持善法，使之不失；遮恶法，使之不起。共分四种：（一）法陀罗尼。又称为闻陀罗尼，闻持佛法而不忘失；（二）义陀罗尼。于诸法实义，总持而不忘怀；（三）咒陀罗尼。修禅定而发秘密语，能消除众生之灾厄，称之为咒陀罗尼；（四）忍陀罗尼。安住于诸法实相，称之为忍。持忍称为忍陀罗尼。

⑪**实相**：佛教所说的事物的真实相状。不虚妄意谓“实”。因为这种实相没有长、短等虚妄分别，所以实相就是无相。一切世俗认识都是假相，只有摆脱这种世俗认识，才能认识到常住不变的实相。所以实相与真如、

涅槃、性空、法性、无相、真性、实际、实性等同义。《肇论·宗本义》称："本无、实相、法性、性空、缘会，一义耳。"

⑫**一身**：即法身。法身是梵文 Dharmakaya 的意译，又称为佛身，即以佛法成身，或身具一切佛法。法身即唯识真如或如来藏的自性清净心。

⑬**多身**：此中指佛的三身之一——化身。又称为应化身、变化身，从广义上来说，凡是佛为度脱众生，所变现的各种形相之身，以此六道众生，都有佛的化身。

⑭**圆觉**：此言圆觉，本文乃指实相本体，亦即诸法之本体。

⑮**三世**：又称为三际，即过去世、现在世、未来世。《宝积经》卷九十四称："三世，所谓过去、未来、现在，云何过去世？若法已灭，是名过去世。云何未来世？若法未生未起，是名未来世。云何现在世？若法已生未灭，是名现在世。"

⑯**一切平等**：世俗世界有染净不同，如果对染说净，这是相待而言，不是真正的清净。如果是染净同归一性，所以称为平等。

⑰**不动**：如果清净心有过去、现在、未来，这就不是真正的清净，圆觉周遍于三世，同归真常，所以称为不动。而且，如上所述，证得诸幻已灭，一切事物皆如

影像，便得无方清净，此时觉性遍满，清净不动，因为圆觉无边无际。

译文

善男子！因为四大清净了，所以十二处、十八界、二十五有都清净了。因为那些都清净了，十力、四无所畏、四无碍智、佛十八不共法、三十七助道品都清净了。这样，乃至八万四千陀罗尼门，一切都是清净的。

善男子！因为一切事物的实相，其本性都是清净的，所以一真法身是清净的；因为一真法身是清净的，所以多个化身也是清净的；因为多个化身是清净的，这样，乃至十方有情众生都达圆觉，都是清净的。

善男子！因为我们现住的这个世界是清净的，很多世界都是清净的；因为很多世界都是清净的，这样，乃至于整个虚空，周遍于三世，所有的一切都是平等的，都是清净不动的。

原典

善男子！虚空①如是平等不动②，当知觉性平等不动。四大不动故，当知觉性平等不动。如是乃至八万四千陀罗尼平等不动，当知觉性平等不动。

善男子！觉性[3]遍满，清净不动，圆无际[4]故，当知六根遍满法界[5]。根遍满故，当知六尘遍满法界[6]。尘遍满故，当知四大遍满法界[7]。如是，乃至陀罗尼门遍满法界。

善男子！由彼妙觉[8]性遍满故，根性、尘[9]性无坏无杂[10]。根、尘无坏故，如是乃至陀罗尼门无坏无杂。如百千灯，光照一室，其光遍满，无坏无杂。[11]

善男子！觉成就[12]故，当知菩萨不与法缚，不求法脱。不厌生死，不爱涅槃；不敬持戒，不憎毁禁；不重久习，不轻初学。何以故？一切觉故，譬如眼光晓了前境，其光圆满，得无憎爱，何以故？光体无二，无憎爱故。[13]

注释

①**虚空**：五大（地、水、火、风、空）之一，虚与空是无的别称，空无障碍，虚无形质。虚空有体有相，其体周遍平等，其相随顺其他物质而彼此相异。

②**不动**：各种事物的寂灭之相，有情众生以生灭心观之，故有动相，并不是事物真的在动，实际上是心动，正如六祖惠能所说："不是风动，不是幡动，仁者心动。"

③**觉性**：有二解：离一切迷妄的觉悟自性；觉知之

性，相当于心识。

④**圆无际**：觉性遍满法界，无法不包，无界不遍，所以称为圆无际。

⑤**六根遍满法界**：因为觉性遍满，六根不离觉性，所以六根遍满法界。

⑥**六尘遍满法界**：根本就没有根，因为尘而有根；根本就没有尘，因为根而有尘。既然根遍满法界，所以六尘也遍满法界。

⑦**四大遍满法界**：因为尘不离四大，四大不离尘，既然尘遍满法界，所以四大遍满法界。

⑧**妙觉**：自觉觉他，觉行圆满，不可思议，此称妙觉。即佛果的无上正觉。小乘佛教的声闻乘和缘觉乘只是自觉，菩萨虽然是自觉觉他，但不圆满，只有佛自觉觉他圆满，觉体不可思议。

⑨**尘**：即六尘，眼、耳、鼻、舌、身、意六识所缘的色、声、香、味、触、法六种外境。

⑩**无坏无杂**：妙觉是性，根尘是相，性相不二。妙觉性与根尘互相摄入，根尘入妙觉，不失其本体，所以是无坏；妙觉入根尘，妙觉依然如故，不见有根尘掺杂其中，所是无杂。世间法入妙觉性中，世间法无坏；妙觉性摄世间法，妙觉性无杂。出世间法也是这样，这就是理事无碍，事事无碍，总说为无坏无杂。

⑪据谛闲著《圆觉经讲义》，本段是譬喻，灯喻世间法和出世间法，光喻诸法之性，室喻尽虚空界，光各遍满，喻互相摄入，最后一句说明此光入彼光，不见坏相；彼光摄此光，不见杂相，喻诸法之性。

⑫**觉成就：**证知觉性遍满诸法，无坏无杂，名为成就。觉未成就以前，则于一切法有善恶彼此相对待，因为觉成就，则一切事物无非觉性。

⑬本段是比喻，眼性之光，喻妙觉明性，因为性光在眼，喻妙觉明性在法。前境统赅眼睛所见，喻一切法，因为一切事物都是妙觉明心所照。晓了，意谓不假分别，喻妙觉圆照，不用思惟，其光遍满，比喻一切都是觉。得无憎爱，比喻一切平等不二。

译文

善男子！虚空是这样的平等不动，应当知道，觉性是平等不动的。四大所以是不动的，应当知道，觉性是平等不动的。这样，乃至八万四千陀罗尼是平等不动的，应当知道，觉性是平等不动的。

善男子！因为觉性普遍充满法界，是清净的，不动的，是圆满的，是无边无际的，应当知道，六根普遍充满法界。因为六根普遍充满法界，应当知道，六尘普遍充满法界。因为六尘普遍充满法界，应当知道，四大普遍充满法界。这样，乃至陀罗尼门普遍充满法界。

善男子！由于佛性普遍充满的缘故，根性、尘性不被破坏不被混杂。因为根、尘不被破坏的缘故，这样，乃至陀罗尼门不被破坏不被混杂。就像一百盏灯、一千盏灯一样，其光照耀一室，其光普遍充满，不被破坏，不被混杂。

善男子！因为认识到觉性遍满诸法无坏无杂的道理，应当知道，菩萨不被世间法和出世间法所束缚，也不去求得一个解脱的方法。菩萨不厌恶生死，也不热爱涅槃；不敬重持戒，也不憎恨破戒之人；不敬重修行很久的人，也不轻视刚刚学佛的人。为什么呢？因为觉性遍满，一切都是觉性，如眼光，明了知晓所看到的眼前一切外境，其光普遍充满所见到的一切外境。一切都是觉性，都无憎恨和热爱之情，为什么呢？因为光体平等不二，都无憎恨和热爱之情。

原典

善男子！此菩萨及末世众生，修习此心得成就者[①]，于此无修，亦无成就。圆觉普照，寂灭无二[②]。于中百、千、万、亿、阿僧祇[③]不可说恒河沙[④]诸佛世界，犹如空华；乱起乱灭[5]，不即不离[6]，无缚无脱[7]。始知众生本来成佛[8]，生死涅槃犹如昨梦[9]。

善男子！如昨梦故，当知生死及与涅槃，无起无灭[10]，无来无去。其所证[11]者，无得无失，无取无舍。其能证[12]者，无作无止，无任无灭。于此证中，无能无所，毕竟无证，亦无证者，一切法性[13]，平等不坏。

善男子！彼诸菩萨如是修行[14]，如是渐次[15]，如是思惟[16]，如是住持[17]，如是方便[18]，如是开悟[19]，求如是法，亦不迷闷。

注释

①**修习此心得成就者：**修习此心即依圆观，直观此心，日久功纯，豁尔心开，顿见此心，朗然虚静，不见有行可修，有果可证，所以说无修，亦无成就。唯一圆觉普照，只有寂灭之性。

②**圆觉普照，寂灭无二：**圆觉普照是本有之妙智，寂灭是本有之妙理。理智一如，所以是无二。修习成就以后，就有这种境界现前。

③**阿僧祇：**梵文 Asamkhya 的音译，另译阿僧企耶，意译无数。阿僧祇是数之极，一阿僧祇相当于万万万万万万万万兆。

④**恒河沙**：梵文 Ganga—nadi—Valuka 的意译，略称恒沙，以恒河之沙譬喻物多，《大智度论》卷七称：“问曰：如阎浮提中，种种大河亦有过恒河者，何故常言恒河沙等？答曰：恒河沙多，余河不尔。复次，是恒河是佛生处、游行处，弟子现见，故以为喻。复次，诸人经书皆以恒河为福德吉河，若入中洗者，诸罪垢恶皆悉除尽。以人敬事此河，皆共识知，故以恒河沙为喻。复次，余河名字屡转，此恒河世世不转，以是故以恒河沙为喻，不取余河。”

⑤**乱起乱灭**：一切事物都是由因缘而生，本无自性，如空花虚幻不实，成坏变迁，了无定体，所以说乱起乱灭。总显空花无实，世界非有，只有圆觉普照，寂灭无二。

⑥**不即不离**：圆觉不等同于世界，因为世界从缘而生，本无自性。世界又不离觉性，因其当体即真。

⑦**无缚无脱**：在圆照寂灭性中，现起十种法界：地狱、饿鬼、畜生、阿修罗、人、天、声闻、缘觉、菩萨、佛。前六界是凡夫，简称六凡。后四界是已经得到解脱的圣者，简称四圣。因惑业结缚，而成六凡。缘无为解脱，而成四圣。虽然结缚和解脱不同，都是缘起而无自性，当体即真，所以是无缚无脱。

⑧**始知众生本来成佛**：因为无缚无脱，四圣六凡都

是圆觉，既然圆觉是相同的，则众生本来是圆觉，与佛无二无别，所以说本来成佛。

⑨**生死涅槃犹如昨梦：**众生的轮转生死，诸佛取证涅槃，都是迷眼所见，并不是圆觉真境，所以说犹如昨夜一梦。

⑩**无起无灭：**因为生死涅槃如梦，所以生死涅槃都是妄境，觉悟后才知道是空。因为生死空，所以无起，即不起烦恼而成生死。因为涅槃空，所以无灭，即不灭生死而证涅槃。因为不成生死，则生死无来。因为不证涅槃，则涅槃无去。

⑪**所证：**即涅槃。有得、失、取、舍四相。得、失二相，是对菩萨而言，如果是进修，则得涅槃而失生死；如果是懈退，则得生死而失涅槃。取、舍二相，是对凡人和小乘佛教而言，小乘佛教慕灭谛，则厌生死而取涅槃，凡夫乐世间，则取生死而舍涅槃。这是约梦事迷位而言。如果是从梦而觉，就会认识到生死涅槃都是空，没有起灭去来之相，所以说所证之相也是空，无得也无失，无取也无舍。

⑫**能证：**能证之行有四：作行。即作种种行，以求涅槃；止行。即永息诸念，一切寂然；任行。即任彼一切，随诸法性；灭行。即身心根尘，一切永灭。因为所证四相是空，能证四行也是空。

⑬**法性**：事物的真实属性，与实相、真如等同义，中观以性空为法性，唯识以唯识实性为法性。

⑭**如是修行**：即如前所说，修习禅定，严守戒律。

⑮**如是渐次**：即先空幻身，次空幻心，次空幻觉，次空幻空。

⑯**如是思惟**：总是这样想：坚持这样的修行，幻身即灭，幻心亦灭。

⑰**如是住持**：坚持这样的修行，诸幻尽离，一切清净。

⑱**如是方便**：方便是梵文Upaya的意译，另译善巧、变谋等，音译沤和。全称方便善巧、方便胜智，梵文Upayakausalya的意译，音译沤和俱舍罗。菩萨度脱众生所采取的各种灵活方法，又指修行所采取的各种灵活方法。上述修行、渐次、思惟、住持等，由浅入深，都是方便法门。

⑲**如是开悟**：开悟即开智悟理，按照上述方法修行，就能够得观依理成事，融事同理，使世间法和出世间法一道清净，不仅自身豁然贯通，也使众生开智悟理。

译文

善男子！这种菩萨和末法时期的有情众生，修习此心而得成就者，于此没有修行，也没有成就。圆觉之性普遍照耀，寂灭无二无别。悟了道以后才知道一百、一千、一万、一亿，乃至不可数不可说的，犹如恒河沙一样多的诸佛世界，就如空中花一样乱起乱灭，不等同不乖离，没有系缚，也没有解脱。这时候才开始知道有情众生本来就是佛，生死和涅槃犹如昨天之梦。

善男子！因为生死和涅槃都如昨日之梦，应当知道，生命无所谓生死，也没有涅槃可得，无所从来，也无所去。所证的境界，没有得，也没有失，没有所取，也没有所舍。能证的主体，无所谓修行，也无所谓得定，也没有所谓的任运自在，也没有所谓的生生灭灭。在此真正的证悟中，没有能证之道体，也没有所证的境界，毕竟没有所证，也没有真正的证悟者，一切法性，都平等不二，都不受到破坏。

善男子！那些菩萨们，按照以上所讲的，这样的修行，这样的渐次，这样的思惟，这样的住持，这样的方便，这样的开悟，追求这样的方法，也不会陷入迷闷。

原典

尔时，世尊欲重宣此义，而说偈言：

普眼汝当知，一切诸众生，身心皆如幻[①]。身相[②]属四大。心性[3]归六尘。四大体各离，谁为和合者？如是渐修行，一切悉清净，不动遍法界。无作止任灭，亦无能证者。一切佛世界，犹如虚空华，三世悉平等，毕竟无来去。初发心[4]菩萨，及末世众生，欲求入佛道[5]，应如是修习。

注释

①**如幻**：人们见闻觉知的一切事物，都如幻化，假有非实，所以是空。

②**身相**：身之相貌，相当五蕴（色、受、想、行、识）的色蕴，由地、水、火、风四大和合而成。

③**心性**：由受、想、行、识四蕴构成的心体。

④**发心**：发菩提心之略，意谓愿求无上菩提之心。

⑤**佛道**：梵文菩提（Bodhi），新译为觉，旧译为道，道为通义。佛智圆通无碍，所以称之为道。道有三种：一、声闻之所得，二、缘觉之所得，三、佛之所得。佛所得无上菩提，称之为佛道。

译文

这时候，世尊为了重复宣讲这个意思，而以偈颂说：

普眼菩萨！你应当知道，所有的一切众生，身体和心理都如幻化，身体是四大和合而成，心理是六根六尘相互为缘所起的作用。地、水、火、风四大体性各自分离，谁作为和合者呢？这样逐渐地修行，一切心、身、世界都清净。自性不动，遍满法界，无作无止无任无灭，也没有悟道能证之人。所有的一切诸佛世界，犹如空中之花。于三世当中，一切佛和众生都平等。到最后的境界，是没有来，也没有去。刚刚发心学佛的菩萨，以及末法时期的众生，要想修行而成就佛道，应当按照这个方法去修行。

4 金刚藏章

原典

于是，金刚藏菩萨[①]在大众中，即从座起，顶礼佛足，右绕三匝，长跪叉手而白佛言：大悲世尊！善为一切诸菩萨众，宣扬如来圆觉清净大陀罗尼因地法行，渐次方便[②]，与诸众生开发蒙昧，在会法众，承佛慈诲，幻翳朗然，慧目清净。

世尊！若诸众生本来成佛，何故复有一切无明[③]？若诸无明众生本有，何因缘故如来复说本来成佛？十方异生[④]本成佛道，后起无明，一切如来何时复生一切烦恼[⑤]？

唯愿不舍无遮[⑥]大慈，为诸菩萨开秘密藏[⑦]，及为末世一切众生，得闻如是修多罗[⑧]教了义[⑨]法门[⑩]，永断疑[⑪]、悔[⑫]。作是语已，五体投地，如是三请，终而复始。

尔时，世尊告金刚藏菩萨言：善哉！善哉！善男子！汝等乃能为诸菩萨及末世众生，问于如来甚深秘密究竟方便，是诸菩萨最上教诲了义大乘，能使十方修学[13]菩萨及诸末世一切众生得决定信[14]，永断疑、悔。汝今谛听，当为汝说。尔时，金刚藏菩萨奉教欢喜，及诸大众默然而听。

注释

①**金刚藏菩萨**：金刚藏菩萨是梵文 Vajragarbha 的意译，金刚藏菩萨是密教金刚界贤劫十六尊之一，这一菩萨明王现愤怒身，或持金刚杵以伏恶魔，称之为金刚藏王。

②**渐次方便**：第一章标明本起因地，说明净觉随顺；第二章依如幻三昧，说明顿悟净觉；第三章说明随顺修习。由顿至圆，所以称之为渐次方便。

③**无明**：梵文 Avidya 的意译，又称为“痴”(moha)、愚痴、愚惑等，十二因缘之一、三毒之一、根本烦恼之一。意谓愚昧无知，不懂得四圣谛、三宝、业报轮回等佛教真理。

④**异生**：凡夫异名，凡夫在天、人、阿修罗、畜生、饿鬼、地狱六道轮回不息，受种种别异之果报。凡夫由

于种种变异而生邪见造恶，所以称为异生，《玄应音义》卷二十四称："异生，梵言婆罗必栗托仡那（Balaprthagjana），婆罗，此云愚，必栗托，此云异，仡那，此名生。应作愚异生，言愚痴暗冥，无有智慧，但起我见，不生无漏也。亦言小儿别生，以如小儿不同圣生，故论中作小儿凡夫也。又名婴愚凡夫，亦云婴儿凡夫，凡夫者，义译也，旧经中或言毛道凡夫，按：梵本，毛，名吒罗；愚，名婆罗，当由上婆声之相近致斯讹谬，译人之失也。"

⑤**烦恼**：梵文 klesa 的意译，另译为惑，意谓扰乱众生身心，使之发生迷惑、苦恼等，处于潜在的尚未现行的烦恼称为随眠，现行烦恼称为缠，又通称为漏。贪、嗔、痴、慢、疑、恶见，是根本烦恼。随烦恼有二十种：放逸、懈怠、不信、昏沉、掉举、无惭、无愧、忿、覆、悭、嫉、恼、害、恨、谄、诳、娇、失念、散乱、不正知。

⑥**无遮**：意谓广大，没有遮盖，宽容平等。

⑦**秘密藏**：即秘密法藏，这种法藏非常深奥难懂，只有佛才能理解，凡夫众生无法理解，所以称之为"密"。如来为了护念深法，则秘之而不说示，所以称之为"秘"。

⑧**修多罗**：梵文 sutra 的音译，另译素怛缆，意译为

经，三藏（经、律、论）之一。

⑨**了义**：二义（了义、不了义）之一，明了说明究竟真实之理的大乘经典，如烦恼即菩提等。佛曾遗嘱依了义不依不了义。

⑩**法门**：佛所说的世间法则称为法，此法是众圣入道之门，所以称为法门。有情众生有八万四千种烦恼，所以佛为之说八万四千法门。

⑪**疑**：梵文 vicikitsa 的意译，小乘佛教说一切有部不定地法之一，唯识宗的烦恼法之一。意谓对佛教及其义理犹豫不决，《大乘广五蕴论》称："云何疑？谓于谛、宝等，为有、为无，犹豫不定，不生善法所依为业。"

⑫**悔**：梵文 kaukrtya 的意译，另译恶作，小乘佛教说一切有部的不定地法之一，唯识宗的四不定之一。意谓对以前所做的事情感到后悔，《俱舍论》卷四称："恶作者何？恶所作体名为恶作，应知此中缘恶作法说名恶作，谓缘恶作心追悔性。"

⑬**修学**：修习研学佛道。

⑭**决定信**：坚定不移地信仰佛教，不掺任何怀疑。

译文

于是，在广大徒众中的金刚藏菩萨，立即从座位上站起来，向佛足顶礼，向右绕三圈，长跪合掌，告诉佛说：大慈大悲的世尊啊！您刚才已经很好地为各位菩萨及其眷属，解说阐扬如何成佛的圆觉清净大陀罗尼之因地行法，和渐次方便法门，替各位有情众生开启蒙昧迷糊的心智。与会求法大众承蒙佛的慈悲教诲，原来犹如眼睛生病，模糊一片，听了您的教诲以后，豁然开朗，智慧之眼目清晰明了。

世尊！假若各位有情众生本来就是佛，为什么又有一切无明呢？如果各种无明，对于有情众生来说，本来就有，由于什么因缘，如来又说有情众生本来是佛呢？如果说十方众生本来是佛，后来才生起无明，一切如来，什么时候才又产生一切烦恼呢？

只希望如来宽容平等，施展大慈大悲，为各位菩萨打开秘密藏，并使末法时期的一切有情众生，听闻这种经教了义法门，永远断除疑悔。这样讲完以后，行五体投地礼。这样恳切地启请了三次，请求世尊教诲。

这时候，世尊告诉金刚藏菩萨说：好啊！好啊！善男子！你能够为各位菩萨及末法时期的有情众生，向如来询问最深最秘密最究竟的方便法门，是一切菩萨们最高的教育方法，这是大乘道的了义法门。能使十方修学的菩萨和末法时期的一切有情众生，得到决定信，永远断除怀疑和后悔。现在请你仔细听，我要为你说。这时候，金刚藏菩萨听了佛的教诲以后，非常欢喜，在座的广大徒众都默然聆听。

原典

善男子！一切世界[①]始终、生灭、前后、有无、聚散、起止，念念相续，循环往复，种种取舍，皆是轮回[②]。未出轮回而辨圆觉，彼圆觉性即同流转[③]，若免轮回，无有是处。譬如动目，能摇湛水。又如定眼，由回转火。云驶月运，舟行岸移，亦复如是。

善男子！诸旋[④]未息[⑤]，彼物先住[⑥]，尚不可得，何况轮转生死垢心？曾未清净，观佛圆觉而不旋复，是故汝等便生三惑[⑦]。

注释

①一切世界：即三种世间（一）正觉世间。即四圣：声闻、缘觉、菩萨、佛；（二）有情世间。即六凡：地狱、饿鬼、畜生、阿修罗、人、天；（三）器世间。山河大地等。

②轮回：梵文 samsara 的意译，另译生死轮回、轮回转生、流转、轮转等，音译僧沙洛。有情众生在三界（欲界、色界、无色界）、六道（天、人、阿修罗、畜生、

饿鬼、地狱）、四生（胎生、卵生、湿生、化生）的生死世界循环不已，犹如车轮旋转不停。

③**流转**：轮回的异名。

④**诸旋**：即前述目动、眼定、云驶、舟行。

⑤**未息**：意谓正动、正定、正驶、正行之时。

⑥**彼物先住**：意谓目正动而水先不摇，眼正定而火先不转，云正驶而月先不运，舟正行而岸先不移。

⑦**三惑**：即金刚藏菩萨所提的三个问题："若诸众生本来成佛，何故复有一切无明？若诸无明众生本有，何因缘故，如来复说本来成佛？十方异生本成佛道，后起无明，一切如来，何时复生一切烦恼？"

译文

善男子！一切世界的始终、生灭、前后、有无、聚散、起止，最终归于念念相续的心理活动，循环往复不息，种种取和舍，都是轮回。在没有解脱轮回以前，如果辨别圆觉的话，那种圆觉性就与轮回一样。要想跳出轮回，是根本不可能的。譬如转动眼珠，就像清湛之水在摇动一样。又比如眼珠固定不动，由于旋转火而成火圈。由于云在飘，看上去好像是月亮在动。船行，如河岸在移动，也是这种情况。

善男子！上述各种旋转还没有停息的时候，让某一事物首先停住，尚且是不可能的，更何况是轮转生死的污垢之心呢？它从来就没有清净过。因为以旋转不息的妄心，是转回不到佛的圆明觉性，所以认不清佛的圆明觉性，由此你们便产生以上三种疑惑。

原典

善男子！譬如幻翳①，妄见空华②，幻翳若除③，不可说言此翳已灭，何时更起一切诸翳。何以故？翳、华二法非相待故，亦如空华灭于空时，不可说言虚空何时更起空华。何以故？空本无华，非起灭故。生死、涅槃同于起、灭，妙觉圆照，离于华、翳。

善男子！当知虚空④非是暂有，亦非暂无，况复如来圆觉随顺⑤，而为虚空平等本性⑥。

善男子！如销金矿⑦，金非销有⑧，既已成金，不重为矿，经无穷时，金性不坏，不应说言本非成就。如来圆觉，亦复如是。

善男子！一切如来妙圆觉⑨心，本无菩提及与涅槃，亦无成佛及不成佛，无妄轮回及非轮回。

注释

①**幻翳**：翳是一种眼病，幻是幻觉。幻翳比喻前六识，因为前六识依第八识阿赖耶识虚妄变现而起。

②**妄见空华**：既然翳是幻，所见是不真实的，这就是“妄”的意思，以此说明第六识的虚妄分别。空中本来没有花，因其妄见而有，所以空花是虚幻不实的，是假有，是空。

③**幻翳若除**：翳病因服药而消除，比喻听闻佛法，就认识到空。

④**虚空**：此中虚空比喻真如净觉，也就是成佛本体，即佛性。不因离华翳而暂有，也不因有华翳而暂无。以此说明虚空固有，暂时为华翳所覆盖，以此比喻佛性固有，众生为二执所障。

⑤**如来圆觉随顺**：圆觉意谓圆觉妙性，《大乘起信论》称为一心，唯佛独证，所以称为如来圆觉。随顺，意谓随顺心真如门和心生灭门，以此成立虚空等一切事物。

⑥**而为虚空平等本性**：佛的圆觉既然能够成立虚空，即为虚空本性。又能成立诸法，即为诸法本性。因为虚空、诸法都能成立，所以称为平等本性。证得此性，则

异生诸佛、无明烦恼等，都是幻化，都是空。

⑦**如销金矿**：蕴金称为矿，炉镕称为销。比喻修行的人们，以智慧断除疑惑，以显明圆觉妙性。

⑧**金非销有**：说明矿中本来就有金，以此比喻圆觉妙性本来就有，并不是因为修行而有。

⑨**妙圆觉**：离烦恼障称为妙，说明无明尽除。体备众德称为圆，永不再迷称为觉，这就是一切有情皆有本觉、真心，自无始以来灵明朗照，所以说本无菩提和涅槃。

译文

善男子！譬如眼睛害病得翳，产生幻觉，虚妄地见到空中之花，如果将幻翳除掉，不能说这种幻翳已经消灭，也不能说什么时候再次生起一切各种幻翳。为什么呢？因为幻翳和空中之花两种东西，不是相待而成立。又如眼病治好了，空中之花没有了，这时候，不能说虚空之中什么时候再次生起空中之花。为什么呢？因为虚空之中本来就没有花，更没有生起和消灭。生死同于空中之花的生起，涅槃同于空中之花的消灭，在自己的妙觉圆照之中，没有空中之花，也没有幻翳。

善男子！应当知道，自然界的虚空并不是暂时而有，也不是暂时而无，更何况如来的圆觉空性，而为虚空的平等本性。

善男子！如消熔金矿，金并不是因为消熔而有，既然已经成为金，就不再变为矿，经过无穷无尽的时间，金性不被破坏，不应当说金性本来就没有形成。如来的圆觉，也是这样。

善男子！一切如来的妙圆觉心，本来就没有菩提，也没有涅槃，也没有成佛，也没有不成佛，也没有虚妄的轮回，也没有非轮回。

原典

善男子！但诸声闻[①]所圆境界，身心语言皆悉断灭，终不能至彼之亲证所现涅槃，何况能以有思惟心，测度如来圆觉境界。如取萤火，烧须弥山[②]，终不能着，以轮回心，生轮回见，入于如来大寂灭海[③]，终不能至。是故我说一切菩萨及末世众生，先断无始轮回根本。

善男子！有作思惟，从有心起，皆是六尘妄想缘气[④]，非实心体，已如空华。用此思惟，辨于佛境[⑤]，犹如空华，复结空果[⑥]，辗转妄想[⑦]，无有是处。

善男子！虚妄[⑧]浮心，多诸巧见，不能成就圆觉方便，如是分别，非为正问。

注释

①**声闻**：梵文 Slravaka 的意译，意谓直接听闻佛陀言教而得觉悟者，原指佛在世时的弟子，后与缘觉、菩萨合称三乘，以修学四谛为主，最高果位是阿罗汉，最终目的是达到“灰身灭智”的无余涅槃。

②**须弥山**：梵文 Sueru 的音译，另译修迷卢、须弥楼、苏迷卢等，意译妙高、妙光、安明、善高、善积等。印度神话中的山名，后被佛教所采用。相传山高八万四千由旬，山顶为帝释天，四面山腰为四天王天，周围有七香海、七金山。第七金山外有铁围山所围绕的咸海，咸海四周有四大部洲。

③**大寂灭海**：即大涅槃因为涅槃另译寂灭。横竖赅穷称为大,“寂”意谓无声，不能用语言诠释。“灭”意谓无形无相。体备众德，用赅万有，所以比喻为海，大海无边无际，涅槃境界也是这样。

④**缘气**：以能缘之想，攀六尘之缘影，能、所互合，所生扰乱之相，属于气分。并无生灭之相，只是生灭之影，有情众生的乱想，就属于气分。

⑤**佛境**：不可思议佛之境界,《华严经》卷二称：“诸佛境界不思议，一切法界皆周遍。”

⑥**空果：**虚空之果，和空花一样是虚幻不实的，是幻有，假有，是空。

⑦**妄想：**不实称为妄，妄为分别而取种种相，称为妄想，《大乘义章》卷三本称："凡夫迷实之心，起诸法相，执相施名，依名取相，所取不实，故曰妄想。"

⑧**虚妄：**意谓不真，非实称为虚，非真称为妄。

译文

善男子！只是各种声闻所证得的圆觉境界，身心语言都已经断灭了，终究不能达到他所亲证所现的涅槃境界，更何况是以有思惟心，测度如来的圆觉境界，就像是取萤火虫般的小火来燃烧须弥山一样，永远点不着，这是以轮回中的妄想心，生出轮回中的错误知见，而以此想要进入如来的寂灭海中，是永远达不到的。所以我说一切菩萨及末法时期的有情众生，首先要断除无始以来的轮回根本。

善男子！我们产生思惟，是由于第六识意识的作用，由于受到色、声、香、味、触、法六尘的影响，所起的反应。这种心理反应还要依靠气才能存在，并不是实有心体，已如空中之花一样。用这种思惟辨别佛境，就像是以虚幻的空中之花，期待虚幻的空果，辗转都是妄想，没有对的地方。

善男子！虚妄的缘影妄想，很多都是自作聪明之见，这不是真正的方便，欲证圆觉，终究不能成功。以这样的虚妄分别心，提出这样的问题，不是正确的提问。

原典

尔时，世尊欲重宣此义，而说偈言：

金刚藏当知，如来寂灭①性，
未曾有始终。若以轮回心，
思惟即旋复，但至轮回际，
不能入佛海②。譬如销金矿，
金非销故有，虽复本来金，
终以销成就，一成真金体，
不复重为矿。生死与涅槃，
凡夫③及诸佛，同为空华相。
思惟犹幻化，何况诸虚妄？
若能了此心，然后求圆觉。

注释

①**寂灭**：涅槃（Nirvana）的意译，其体寂静，离一切之相，所以称为寂灭。

②**佛海：**佛的境界广大无边，犹如大海。《探玄记》卷三称："佛海者，能化之佛，非一如海，谓遍一切处而转法轮故。"

③**凡夫：**异生的异，与圣人相对。没有断惑证理者，称为凡夫。"凡"意谓平凡、平常。又有"多"义，指众生种类之多。

译文

这时候，世尊为了重新宣讲这个意思，于是说了以下偈颂：

金刚藏菩萨！你应当知道，如来的寂灭清净自性，从来就没有开始，也没有结束。假若以轮回心思惟佛境界，则永远在妄想中回旋，始终在轮回中而不得解脱，永远达不到佛的境界。比如销熔金矿而得纯金，金子并不是因为销熔而有。虽然本来是金，经过销熔金矿而成纯金，一旦成为纯金，就不能再次成为金矿。生死与涅槃，凡夫和诸佛，都是空花之相，人们的思惟就如幻化一样，更何况是各种虚妄之境呢？假若能够了此虚妄心，然后才能求得圆觉。

5　弥勒章

原典

于是，弥勒菩萨[①]在大众中，即从座起，顶礼佛足，右绕三匝，长跪叉手而白佛言：大悲世尊！广为菩萨开秘密藏，令诸大众深悟轮回，分别邪正，能施[②]末世一切众生无畏[③]道眼[④]，于大涅槃生决定信，无复重随轮转[⑤]境界，起循环见。

世尊！若诸菩萨及末世众生欲游如来大寂灭海，云何当断轮回根本？于诸轮回有几种性？修佛菩提几等差别？回入尘劳[⑥]，当设几种教化方便，度诸众生？惟愿不舍救世大悲，令诸修行一切菩萨及末世众生，慧目[⑦]肃清，照耀心镜[⑧]，圆悟如来无上知见。作是语已，五体投地。如是三请，终而复始。

尔时，世尊告弥勒菩萨言：善哉！善哉！善男子！汝等乃能为诸菩萨及末世众生，请问如来深奥秘密微妙之义，令诸菩萨洁清慧目，及令一切末世众生，永断轮回，心悟实相⑨，具无生忍⑩，汝今谛听，当为汝说。时弥勒菩萨奉教欢喜，及诸大众默然而听。

注释

①**弥勒菩萨**：弥勒是梵文 Maitreya 的音译，意译慈氏。弥勒菩萨从佛授记（预言）将继承释迦牟尼佛位而为未来佛（当佛）。他原出生于婆罗门家庭而为佛弟子，先佛入灭，上生于兜率天内院，经四千岁（相当于人世间的五十六亿七千万岁）下生人间，于华林园龙华树下成佛，弘扬佛法。弥勒菩萨又称为“一生补处”，因为他像释迦牟尼佛一样，将在人间投胎、出生、出家、修道、证果、度众生。中国一些寺庙里供奉的笑口常开胖弥勒像，则为五代时名为契此的和尚，因为传说他是弥勒的化身，所以后人塑像作为弥勒供奉。

②**施**：布施之略，梵文 Dana 的意译，音译檀那。离悭贪吝惜而施与他人。六度（布施、持戒、忍辱、精进、禅定、般若）之一，有三种布施：财施、无畏施、法施。

③**无畏**：又称为无所畏，佛于大众中说法，泰然无

畏。有四无畏、六无畏之分。四无畏如下：一切智无所畏、漏尽无所畏、说障道无所畏、说尽苦道无所畏。六无畏如下：善无畏、身无畏、无我无畏、法无畏、法无我无畏、平等无畏。

④**眼**：修习佛道而得之眼，也可以是观道之眼。即辨析邪正之眼，即正慧。

⑤**轮转**：与轮回同义，有情众生在三界（欲界、色界、无色界）、六道（天、人、阿修罗、畜生、饿鬼、地狱）轮转不息，不断受苦。

⑥**尘劳**：烦恼的异名，有情众生在尘世劳劳碌碌，不断遭受烦恼的折磨，所以称为尘劳。

⑦**慧目**：即道眼，意谓智慧之目，其性清净，能辨邪正。

⑧**照耀心镜**：正慧是能照，心境是所照。即心地开通之义。心地开通，则无所不知，无所不见。

⑨**实相**：一切事物的真实相状，与法性、真如、性空、无相、真性、实际、实性等同义，“实”为真实而不虚妄，“相”为无相。

⑩**无生忍**：又称为无生法忍、无生忍法等，“忍”是对真理的认可，是智慧的别称。“无生”是佛教关于无生无灭的理论。到一定阶段的大乘菩萨，对无生无灭理论的认可，就称为无生忍。《大智度论》卷五十称：“无生忍

法者，于无生灭诸法实相中信受、通达、无碍、不退，是名无生忍。”

译文

于是，在广大徒众中的弥勒菩萨，立即从座位上站起来，向佛足顶礼，向右绕三圈，长跪合掌，对佛说：大慈大悲的世尊！请您为各位菩萨详细开示修行的秘密要点，使各位广大徒众深刻觉悟轮回，辨别错误和正确，请您为末法时期的一切有情众生，布施无畏道眼，对大般涅槃产生决定信，使他们不要再次轮回，生起颠倒错误的想法。

世尊！假若各位菩萨及末法时期的有情众生，要想在如来的伟大寂灭海中，自由自在地游戏，应当怎样断除轮回的根本呢？在各种轮回当中，有几种属性呢？要想修成佛道，大彻大悟，有哪些层次差别呢？已经摆脱轮回的诸佛和菩萨，因为悲悯众生，再次来到尘世度脱众生，应当施设几种教化的方便法门，才能度脱各类众生呢？但愿佛不舍救世的大慈大悲，使各位修行的一切菩萨和末法时期的有情众生，智慧眼目清晰明朗，自能照耀心镜，圆满觉悟如来的无上智慧，无所不知，无所不见。这样讲了以后，行五体投地礼。这样恳切地启请了三次，请求世尊教诲。

这时候，世尊告诉弥勒菩萨说：好啊！好啊！善男子！你现在能够为各位菩萨及末法时期的有情众生，请求询问如来最深奥、最秘密、最微妙的教义，使各位菩萨慧目洁净，并使末法时期的有情众生，永远断除轮回，使其心觉悟诸法实相，具无生忍，请你现在仔细听，我要为你解说。弥勒菩萨听到释迦牟尼佛要说法，非常高兴，在座大众都默然聆听。

原典

善男子！一切众生从无始际，由有种种恩爱[1]贪欲[2]，故有轮回，若诸世界一切种性[3]，卵生[4]、胎生[5]、湿生[6]、化生[7]皆因淫欲[8]而正性命，当知轮回，爱为根本。由有诸欲助发爱性，是故能令生死相续。欲因爱生，命[9]因欲有，众生爱命，还依欲本，爱欲为因，爱命为果。由于欲境，起诸违顺境，背爱心而生憎嫉[10]，造种种业[11]，是故复生地狱[12]、饿鬼[13]。知欲可厌，爱厌业道[14]舍恶乐善，复现天[15]、人[16]。又知诸爱可厌恶故，弃爱乐舍，还滋爱本，便现有为增上[17]善果[18]，皆轮回故，不成圣道[19]。是故众生欲脱生死，免诸轮回，先断贪欲，及除爱渴[20]。

善男子！菩萨变化[21]，示现[22]世间[23]，非爱为本，但以慈悲令彼舍爱，假诸贪欲而入生死。若诸末世一切众生，能舍诸欲及除憎爱，永断轮回，勤求如来圆觉境界㉔，于清净心㉕便得开悟。

注释

①**恩爱**：父母妻子等之间，互相感恩及溺爱之情。佛教认为此情是造成烦恼结缚和轮回的根本原因。

②**贪欲**：引取顺情之境的贪心，称为贪欲。即贪爱世间色欲、财宝等而无厌足。佛教认为，贪欲是造成烦恼转生轮回的根本。

③**种性**：“种”为种子，有生之义。“性”为性分，有不变之义。《璎珞本业经》认为有六种性：习种性，即十住；性种性，即十行；道种性，即十回向；圣种性，即十地；等觉性，此位菩萨望后之妙觉，可算作一等，但胜于以前诸位菩萨，所以称为等觉性；妙觉性，意谓妙极觉满。

④**卵生**：四生（卵生、胎生、湿生、化生）之一，依卵壳而生，《大乘义章》卷八本称：“如诸鸟等，依于卵壳而受形者，名为卵生。”

⑤**胎生**：四生之一，如人类由母胎而生。劫初之人，男女未分，都是化生，以后发淫情而生男女二根，始为

胎生。

⑥**湿生**：四生之一，如蚊等，由湿气自行出生，称为湿生。

⑦**化生**：四生之一，如天神、地狱、劫初之人等，不借父母等因缘而生出，即借善恶业力而出现者，所以称为化生。

⑧**淫欲**：即色欲。众生心系淫欲而伤身，如病而得烦恼，所以戒淫是佛教戒律的重要内容之一。

⑨**命**：又称为命根，梵文Jivita的意译，能够支持煖和识。《俱舍论》卷五称："命根体即寿，能持煖和识。"并非别有色心之体，由过去世之业而生，因而一期之间能够维持煖和识，这就称为命。因为命能持煖和识，所以称为根。根据大乘唯识学派的教义，阿赖耶识的种子有住识之功能，一期之间能使色心相续，所以假名命根，并非别有命之实体。

⑩**嫉**：梵文irsya的意译，小乘佛教说一切有部的小烦恼地法之一，大乘佛教唯识学派的随烦恼之一，是对别人的成功发嫉妒的心理。《大乘广五蕴论》称："云何嫉？谓于他盛事，心妒为性。为名利故，于他盛事，不堪忍耐，妒忌心生，自住忧苦所依为业。"

⑪**业**：梵文Karma的意译，音译羯磨。意谓造作，一般分为三业：身业（行动）、语业（又称为口业，言

语）、意业（思想活动）。

⑫**地狱**：梵文 Naraka 的意译，另译不乐、可厌、苦具、苦器等。六道中的最恶道，最苦的转生。有八大地狱，又称为八热地狱：等活地狱，生此者互相残杀，凉风吹来，死而复活，更受苦害；黑绳地狱，以黑铁绳绞勒罪人；众合地狱，以众兽、刑具等配合，残害罪人；号叫地狱，罪人受苦折磨，发出悲号；大叫地狱，罪人比前者受的残害更重，大声喊叫；炎热地狱，以铜镬、炭坑煮烧罪人；大热地狱，罪人受煮烧，比前更烈；阿鼻地狱，又称为无间地狱，罪人在此，不间断地受苦。

⑬**饿鬼**：梵文 Preta 的意译，音译蔀荔多、闲丽多等，佛教恶趣之一，种类很多，总的特征是经常挨饿，有的腹大如鼓，喉细如针，没有人给他们举行祭祀，使之常受饥饿。居于阎魔王的地下宫殿，也居于人间坟地、黑山洞等处。

⑭**业道**：有情众生所作的善业和恶业，通于六趣，所以称之为业道。

⑮**天**：梵文 Deva 的意译，音译提婆。天有光明之义、自然之义、清净之义、自在之义、最胜之义，受人间以上胜妙果报之所，一部分在须弥山中，另一部分远在苍空，总名天趣，六趣之一。

⑯**人**：属欲界，思虑最多，佛教六趣之一。

⑰**增上**：势力强盛，称为增上。即增胜上进，加强力量以助长进展作用，令事物更形强大。

⑱**善果**：善业之因，所招感的善妙果报。

⑲**圣道**：意谓圣者之道。即声闻乘、缘觉乘、菩萨乘三乘人所行之道。彼等已离烦恼，断轮回之苦。

⑳**爱渴**：又称为渴爱。爱欲之心，其贪强烈，如渴者求水。

㉑**变化**：转换旧形，名为变；无而忽有，名为化。佛和菩萨，通过自己的神通力，能够变化一切有情和非有情。

㉒**示现**：佛和菩萨，应机缘而现种种之身，如观世音菩萨的三十三种应化身。

㉓**间**："世"为迁流之义，破坏之义，覆真之义。"间"为中之义。堕于世中事物，谓之世间。又有间隔之义，世之事物，个个间隔而为界畔，谓之世间，与世界同义。一般来说，有两种世间：一、有情世间，即有生者；二器世间，即国土。

㉔**境界**：梵文 Visya 的意译，自家势力所及之境土，我得果报之界域，都称之为境界。

㉕**清净心**：无疑之信心，无垢之净心，无烦恼之心。

译文

善男子！一切有情众生从无始以来，因为有种种恩爱和贪欲，所以有轮回，假若各类世界的一切种性，包括卵生、胎生、湿生、化生，都是因为淫欲而有性命。应当知道，轮回以爱为根本，由于种种欲望，而助长产生爱性，这就能够使有情众生生死相续。欲因为爱而生，命因为欲而有，有情众生都爱惜自己的生命，还是依赖欲这个根本。爱欲是将来受生之因，爱命为将来成身之果。由于可行欲之境，生起各种违境和顺境，与爱心相违背，则生憎恨和嫉妒，造作种种恶业，所以又生到地狱受苦和饿鬼道。知道了爱欲的可怕，则心生厌离，便起心爱慕而欲行之，由此舍因欲所造之恶业，乐离欲防淫之善行，而又生天趣和人趣。而且，知道了各种爱欲的可怕，则心生厌恶，由此弃下界爱，希上界定，都以舍为主。乐也是爱，即爱修舍定，还以滋生爱本，爱本即上界身心。以修舍定为因，现有为善果，这是增上善果。因为这些都是轮回，不算是圣道。所以，有情众生要想脱离生死，免遭各种轮回，应当首先断除贪欲，还要断除爱渴。

善男子！菩萨通过神通变化，示现于人世间，并不是以爱为本，只是以慈悲心摄化众生，使之舍弃诸爱，假借各种贪欲而入生死世间。假若末世一切众生，能够舍弃一切贪欲，并能灭除憎恨、痴爱之心，永远断除轮回，勤求如来的圆觉境界，这于清净心便得开悟。

原典

善男子！一切众生由本贪欲[①]，发挥无明[②]，显出五性[③]差别不等，依二种障而现深浅。云何二障？一者理障[④]。障正知见[⑤]；二者事障[⑥]。续诸生死。

云何五性？善男子！若此二障未得断灭，名未成佛。若诸众生永舍贪欲，先除事障，未断理障，但能悟入声闻、缘觉[⑦]，未能显住菩萨境界。

善男子！若诸末世一切众生，欲泛如来大圆觉海[⑧]，先当发愿[⑨]勤断二障，二障已伏，即能悟入菩萨境界。若事、理障已永断灭，即入如来微妙圆觉，满足菩提及大涅槃。

善男子！一切众生皆证圆觉，逢善知识[⑩]，依彼所作因地法行，尔时修习，便有顿[⑪]、渐[⑫]，若遇如来无上菩提正修行路，根无大小，皆成佛果[⑬]。若诸众生虽求善友，遇邪见者，未得正悟，是则名为外道[⑭]种性，邪师过谬，非众生咎，是名众生五性差别。

注释

①**本贪欲**：此中“本”字，是一念不觉，蔽妙明为无明之本。

②**发挥无明**：六道众生，堕于依他起性之中，身心都是无明，所以是“发挥无明”。

③**五性**：即五种性：习种性，即十住；性种性，即十行；道种性，十回向；圣种性，即十地；等觉，与前相同。第二解为：声闻性、缘觉性、菩萨性、未定性、阐提性。此中用第二解。

④**理障**：又称为所知障，由其邪见障碍正知见。

⑤**知见**：从意识来讲称为知，从眼识来讲称为见。推求称为见，觉了称为知。三智（一切智、道种智、一切种智）称为知，五眼称为见。

⑥**事障**：又称为烦恼障，由于贪等事惑，使有情众生相续生死，障碍涅槃。

⑦**缘觉**：梵文 Pratyekabuddha 的意译，另译独觉，音译辟支迦佛陀，略称辟支佛。佛涅槃以后，自己观悟十二因缘之理而得道者。缘觉乘与声闻乘合称小乘佛教的二乘，再加菩萨乘而成三乘。

⑧**大圆觉海**：大圆觉是广大圆满之觉，即佛智。圆

觉之体，离过绝非；圆觉之相，竖穷横遍；圆觉之用，用等恒沙。因其三者皆大，所以称之为海。

⑨**愿**：梵文 Pranidhana 的意译，志求满足称为愿。要游历大圆觉海，须要经过烦恼之流，风浪极大，又有五百由旬之广，须要发大愿，立大志，修大行。首要是发愿，即四弘誓愿，是缘四谛所发之愿：（一）众生无边誓愿度。是缘苦谛而度无边众生；（二）烦恼无尽誓愿断。此缘集谛；（三）法门无量誓愿学。此缘道谛；（四）佛道无上誓愿成，此缘灭谛。

⑩**善知识**：“知识”意谓知其心意，知人是朋友的意思。《法华文句》卷四称：“闻名为知，见形为识，是人益我菩提之道，名善知识。”

⑪**顿**：即顿悟，又称为顿了，与渐悟相对。一旦能把握佛教真理，即可当下觉悟。

⑫**渐**：即渐悟，又称为渐了，与顿悟相对，经过长期修行，才能够达到成佛的觉悟。

⑬**佛果**：佛为万行之所成，所以称为佛果。能成之万行为因，所成之万德为果。

⑭**外道**：佛教之外的其他宗教哲学派别，外道种类说法不一，主要指释迦牟尼在世时的六师外道和九十六种外道。

译文

善男子！一切修菩提道的有情众生，由于原本贪欲，发挥无明之性，显现出众生五种不同差别的种性，因为有二种障而有深浅程度的不同。什么是二障呢？一是理障，障碍正确的知见；二是事障，延续各种生死。

什么是五性呢？善男子！假若理障和事障还没有断灭，就不能称为佛。假若有情众生永远舍除贪欲，首先断除事障，还没有断除理障，只能悟入声闻境界和缘觉境界，还不能明显地住于菩萨境界。

善男子！假若末法时期的一切众生，要想游历如来的大圆觉海，应当首先发愿精勤断除理障和事障，把二障降伏以后，就能够悟入菩萨境界。假若事障和理障已经永远断灭，就可以进入如来的微妙圆觉境界，就可以到达菩提和大涅槃。

善男子！一切有情众生都可以证得圆觉而成佛，必须得到善知识的启发，依照他指点的“因地法行”去修习，这时候的修习便有顿悟和渐悟之分，如果遇到如来无上菩提的正确修行之路，众生的根器没有所谓大小之分，都能成就佛果。假若各类众生，虽然都在寻求善友，如果遇到邪见者，就得不到正悟，这就称为外道种性。

这是邪师的过失和错误，不是有情众生的错误，这就称为有情众生的五性差别。

原典

善男子！菩萨唯以大悲方便，入诸世间，开发未悟，乃至示现种种形相，逆顺境界，与其同事，化令成佛，皆依无始清净愿力[①]。若诸末世一切众生，于大圆觉，起增上心，当发菩萨清净大愿，应作是言：愿我今者住佛圆觉，求善知识，莫值外道及与二乘[②]，依愿修行，渐断诸障，障尽愿满，便登解脱清净法殿，证大圆觉妙庄严域。

尔时，世尊欲重宣此义，而说偈言：

弥勒汝当知，一切诸众生，
不得大解脱[③]，皆由贪欲故，
堕落于生死。若能断憎爱，
及与贪[④]、嗔[⑤]、痴[⑥]，不因差别性，
皆得成佛道。二障永消灭，
求师得正悟，随顺菩萨愿，
依止[⑦]大涅槃。十方诸菩萨，
皆以大悲愿，示现入生死。
现在修行者，及末世众生，

勤断诸爱见[8]，便归大圆觉。

注释

①**愿力**：誓愿之力，又称为本愿力，《大智度论》卷七称："庄严佛界事大，独行功德不能成，故要须愿力。"

②**二乘**：即小乘佛教的声闻乘和缘觉乘。

③**解脱**：梵文 Moksa 的意译，意谓摆脱烦恼业障的系缚而得自由，《成唯识论述记》卷一称："言解脱者，体即圆寂。由烦恼障缚诸有情，恒处生死。证圆寂已，能离彼缚，立解脱名。"

④**贪**：梵文 Raga 的意译，小乘佛教说一切有部的不定地法之一，唯识的烦恼法之一，三毒之一。意谓贪爱、贪欲。《成唯识论》卷六称："云何为贪？于有、有具染着为性，能障无贪，生苦为业。"此中"有"是指世俗众生本身（五取蕴），"有具"是指有情众生赖以生存的物质条件。

⑤**嗔**：梵文 Pratigna 的意译，小乘佛教说一切有部的不定地法之一，唯识的烦恼法之一，三毒之一。意谓仇恨和损害他人的心理，《大乘广五蕴论》称："云何为嗔？谓于有情乐作损害为性。"

⑥**痴**：梵文 Moha 的意译，唯识烦恼法之一，三毒之

一，意谓愚昧无知，不明事理，《成唯识论》卷六称："云何为痴？于诸理事迷暗为性，能障无痴，一切杂染所依为业。"

⑦**依止**：依赖止住有力有德之处，永不离别。

⑧**爱见**：爱与见是两种烦恼，迷事之惑称为爱，迷理之惑称为见。如贪、嗔等是迷事之惑，我见、邪见等是迷理之惑。

译文

善男子！菩萨们只是以大悲方便法门，进入各种世间，开发还没有觉悟的人，乃至于示现种种形相，进入逆境界和顺境界，与这些有情众生共同生活在一起，教化他们，使之成佛，这些都是依靠无始以来的清净愿力。假若末法时期的一切有情众生，于大圆觉起增上之心，当菩萨发起清净大愿的时候，应当这样说：今天，但愿我安住于佛的圆觉境界，恳求善知识指引，使我不要走上外道和二乘，依照誓愿修行，逐渐断除各种障碍，把障碍断除干净以后，就圆满实现了自己的誓愿，便登上解脱清净的法殿，证悟到伟大的圆觉妙庄严领域。

这时候，世尊为了重新宣讲这个意思，而说如下偈颂：

弥勒菩萨！你应当知道，所有的一切众生，不能得到伟大的解脱，都是因为贪欲的缘故，堕落在生死轮回之中。假若能够断除憎恨和喜爱，并且断除贪、嗔、痴，不因此而受差别种性之报，都能成就佛道。永远消灭了烦恼障和所知障，还要求得善知识的指引，而得正确的觉悟，随顺菩萨的伟大誓愿，依止大般涅槃。十方的各位大菩萨们，都是以本身的大悲愿力，示现而入生死世间。现在修行的人们，以及末法时的有情众生，努力勤奋断除各种爱见，便回归伟大的圆觉性。

6 清净慧章

原典

于是，清净慧菩萨在大众中，即从座起，顶礼佛足，右绕三匝，长跪叉手而白佛言：大悲世尊！为我等辈广说如是不思议事，本所不见，本所不闻，我等今者蒙佛善诱，身心泰然，得大饶益。愿为诸来一切法众①，重宣法王②圆满觉性，一切众生及诸菩萨、如来世尊，所证所得，云何差别？令末世众生，闻此圣教，随顺开悟、渐次能入。作是语已，五体投地。如是三请，终而复始。

尔时，世尊告清净慧菩萨言：善哉！善哉！善男子！汝等乃能为末世众生，请问如来渐次差别。汝今谛听，当为汝说。时清净慧菩萨奉教欢喜，及诸大众默然而听。

注释

①**法众**：随顺佛法之众，即出家五众：（一）比丘，受具足戒之男子；（二）比丘尼，受具足戒之女子；（三）式叉摩那，又称为学法女，将受具足戒而学六法的女子；（四）沙弥，出家受十戒之男子；（五）沙弥尼，出家受十戒之女子。

②**法王**：佛于法自在，所以称为法王，《法华经·譬喻品》称："我为法王，于法自在。"

译文

于是，在广大徒众中的清净慧菩萨，立即从座位上站起来，向佛足顶礼，向右绕三圈，长跪合掌，告诉佛说：大慈大悲的世尊啊！您为我们详细分析解说如此不可思议的事情，我们从来没有见过，也从来没有听过。今天，我们承蒙佛循循善诱，身心舒畅，得到很大的利益。请您为各位与会求法大众，重新宣讲法王的圆满觉性，一切众生、诸位菩萨和如来，他们的所证所得有何差别？使末法时期的有情众生，听了佛所讲的圣教，随顺圣教而开悟，渐次进入佛的境界。他这样讲了以后，行五体投地礼，这样恳切地启请了三次，请求世尊教诲。

这时候，世尊告诉清净慧菩萨说：好啊！好啊！善男子！你能够为末法时期的有情众生，询问修行渐次的差别，你现在仔细听，我来对你说。清净慧菩萨听到佛要说法，非常高兴，在座的大众也都静静地聆听。

原典

善男子！圆觉自性[①]，非性[②]性有[③]，循诸性起，无取无证，于实相中，实无菩萨及诸众生。何以故？菩萨众生皆是幻化，幻化灭故，无取证者，譬如眼根，不自见眼，性自平等，无平等者。众生迷倒[④]，未能除灭一切幻化，于灭未灭妄功用中，便显差别，若得如来寂灭随顺[⑤]，实无寂灭及寂灭者。

善男子！一切众生从无始来，由妄想我及爱我者，曾不自知念念生灭，故起憎爱，耽着五欲[⑥]。若遇善友，教令开悟净圆觉性，发明起灭，即知此生性自劳虑。若复有人，劳虑永断[⑦]，得法界净，即彼净解[⑧]，为自障碍，故于圆觉而不自在，此名凡夫随顺觉性[⑨]。

善男子！一切菩萨见解为碍，虽断解碍，犹住见觉[⑩]。觉碍[⑪]为碍而不自在，此名菩萨未入地[⑫]者随顺觉性。[⑬]

善男子！有照有觉[⑭]，俱名障碍，是故菩萨常觉不住[15]，照与照者，同时寂灭[16]。譬如有人，自断其首，首已断故，无能断者，则以碍心自灭诸碍，碍已断灭，无灭碍者。修多罗教如标月指[17]，若复见月[18]，了知所标毕竟非月，一切如来种种言说，开示菩萨，亦复如是。此名菩萨已入地者随顺觉性。

注释

①**自性**：梵文 Svabhava 的意译，音译私婆婆。意思是自有，即不依赖于任何事物的独立存在。佛教唯识派认为：世间万物皆无自性，所以是空。而圆觉、法性、真如等都有自性。中观派认为真如等也没有自性。

②**非性**：本来平等之理，圆满觉性，平等不二，本无差别，所以称为非性。

③**性有**：非性中自有差别，因为有随缘之能，就生出十界差别之性，所以称为性有。缘有染净之异，性有顺逆之差，一切如来顺修，一切众生逆修，众生一念不觉，即生三性：第一逆性，第二见性，第三色性。由逆修而成众生性，由顺修而成菩萨性、佛性，故有如来众生之异。

④**迷倒**：迷是不觉，倒是不正，既迷妙觉真性，转性成识，即将妙明转为无明。

⑤**寂灭随顺**：二障永灭，一心圆明，诸法平等，理智一如，智外无理，理外无智，这就称为寂灭随顺。随顺，意谓随顺圆满觉性。

⑥**五欲**：即色、声、香、味、触五境，因为这五境能够引起人们的欲望，所以称为五欲。因为五欲能够污染真理，所以五欲又称为五尘。

⑦**劳虑永断**：知圆觉是觉体而安然，了无形迹。

⑧**净解**：因为于事相不起妄动，住于清净界，所以称为净解。

⑨**凡夫随顺觉性**：见思初伏在凡位，虽然在凡位，但不违逆于圆觉，所以称为凡夫随顺觉性。

⑩**犹住见觉**：虽然断除了解碍，仍然停留在执着见解为碍的觉性之中，这就是中道法爱，执以为是，不再要求进步，所以称为犹住见觉。

⑪**觉碍**：既然住于见觉当中，这种觉也为障碍，所以称为觉碍。

⑫**入地**：此中“地”字，是大乘菩萨十地（Dasabhumi），即菩萨修行的十个阶位：（一）欢喜地。又称为极喜地、喜地，初证圣果，觉悟到我、法二空，能益自他，生大欢喜；（二）离垢地。又称为无垢地、净地，远离能起任何犯戒之烦恼，使身心无垢清净；（三）发光地。又称为明地、有光地，成就殊胜之禅定，发出智慧

之光；(四）焰胜地。又称为焰慧地、焰地，使慧性增盛；(五）难胜地。亦作极难胜地，使俗智与真智合而相应，极难做到；(六）前地。又称为现在地、目见地，由缘起之智，引生无分别智，使最胜般若现前；(七）远行地。又称为深行地、深入地，住于无相行，远离尘世间和小乘佛教的声闻、缘觉二乘；(八）不动地。无分别智任运相续，不为一切事相烦恼所动；(九）善慧地。又称为善哉意地、善根地等，成就四无碍解，具足十力、能遍行十方说法；(十）法云地。成就大法智，具足无边功德，法身如虚空，智慧如大云。入地即入初地。

⑬**随顺觉性**：未入地菩萨，上求之心超越凡夫位，对后来说显得低劣，不及圣位。既然已经超凡，则于觉性自然不逆，所以称为随顺。

⑭**有照有觉**：见解为碍就是有照，犹住见觉，就是有觉，有照有觉都是障碍，所以有照有觉只是菩萨的初步阶段。

⑮**常觉不住**："常觉"是永恒的觉悟，"不住"是不再产生住着之心。因为有照有觉都是障碍，所以入地菩萨无时不照，寂而常照，这就不成为障碍了。因为不再产生住着之心，则所照之碍和能照之觉同时寂灭，都不离圆觉自性。

⑯**照与照者，同时寂灭**：入地菩萨，以灭碍之心，

灭除各种障碍。在障碍还没有灭除的时候，障碍为所灭，觉悟为能灭。障碍灭除以后，所灭之碍既然已空，能灭之觉悟也是空，都不离圆觉自性。所以是照与照者，同时寂灭。

⑰**修多罗教如标月指**：“教”即如来所说的一切经，“标月指”，如人以手指月示人，“以手指月”，指为标月之指，经是以指喻教，以月喻心。说明如来的说教，本来是为了说明心，标月之指，就是以比喻说明心之教。

⑱**若复见月**：人们应当因指而看到月亮，比喻学佛的人们，应当借教观心，了知所标毕竟不是月亮。如果认为手指就是月亮，这不仅没有正确认识月亮，也没有正确认识手指。这说明不应当执着手指，以比喻说明，学佛之人看教是为了明心。不能正确认识心，也不能正确认识教，不应当执着于教。

译文

善男子！圆觉自性，说明世间万物皆无自性，真如、法性是有的，所以要依性起修，没有能取、所取，也没有能证、所证。在实相当中，实际上没有菩萨，也没有众生。为什么呢？菩萨和众生都是幻化，因为幻化灭了，一切皆空，没有取者，也没有证者，譬如眼根，它自己见不到眼睛，圆觉自性本身是平等的，其相是不平等的。有情众生迷惑颠倒，不能除灭一切幻化境界，在应该灭掉而没有灭掉的虚妄功用当中，便显示出差别来，假若达到如来的涅槃境界，实际上没有涅槃，也没有得到涅槃的人。

善男子！一切有情众生从无始以来，由于妄想而有我，于是就爱我，自己从来就不知道，由于念念生灭的心理作用，而生起憎恨和贪爱，耽着于五欲。假若遇到善知识，由于善知识的教授，使之开始觉悟到自己本有的清净圆觉自性，发现明白了自己念头的起起灭灭，就知道这一辈子都是自寻烦恼。假若有人把尘劳思虑永远全部切断，得到清净法界。到达了清净法界，但理解不透彻，认为清净是道，不清净不是道，这种虚妄分别就是自我障碍，所以对于圆觉自性的认识不能自由自在，这就是凡夫的随顺觉性。

善男子！一切菩萨，由于自己的见解，使自己受到障碍，即使断除了见解上的障碍，仍然停留在见觉境界中，由于见觉上的障碍，总以为自己觉悟了，这就成为障碍而不自在，这就称为没入地菩萨的随顺觉性。

善男子！有照又有觉，这些都称为障碍，所以菩萨永远是觉而不住，能照与所照，同时寂灭。譬如有人，自己砍掉自己的脑袋，因为脑袋已经被砍掉了，就没有能断之人了。因为一切都是心造，只要把自己的障碍心灭掉，各种障碍就都灭掉了。因为障碍已经断灭了，就不存在灭掉障碍者了。经教就如同指出月亮在哪里的标记——手指一样，假若已经见到了月亮，就知道其标记——手指，终究不是月亮。一切如来的各种言说，是用来开示菩萨的，情况也是这样。这就称为已入地菩萨的随顺觉性。

原典

善男子！一切障碍即究竟觉[①]；得念失念[②]，无非解脱；成法、破法[③]，皆名涅槃；智慧、愚痴[④]，通为般若[⑤]；菩萨、外道所成就法，同是菩提；无明、真如，无异境界；诸戒、定[⑥]、慧[⑦]，及淫、怒、痴，俱是梵行[⑧]；众生、国土[⑨]，是一法性[⑩]；地狱、天宫[⑪]，皆为净土；有性[⑫]、无性，齐成佛道；一切烦恼，毕竟解脱，法界海慧[⑬]，照了诸相[⑭]，犹如虚空。此名如来随顺觉性[⑮]。

善男子！但诸菩萨及末世众生，居一切时[⑯]，不起妄念[⑰]。于诸妄心[⑱]亦不息灭。住妄想境，不加了知。于无了知，不辨真实。彼诸众生闻是法门，信解受持、不生惊畏，是则名为随顺觉性。

善男子！汝等当知，如是众生，已曾供养[⑲]百千万亿恒河沙诸佛及大菩萨，植众德本，佛说是人名为成就一切种智[20]。

注释

①**究竟觉**：《大乘起信论》所说的四觉（本觉、相似觉、随分觉、究竟觉）之一，即菩萨大行圆满究竟至极之觉，即成佛之位，《大乘起信论》称："如菩萨地尽，满足方便，一念相应，觉心初起，心无初相，以远离微细念故，得见心性，心即常住，名究竟觉。"

②**得念失念**：如果忆念断碍，忆念立觉，能断能立，这就是得念。断不能断，立不能立，这就是失念。得则为得所缚，失则为失所系，都不能得到解脱。现在认为：得与失相待而成立，因得而有失，因失而有得，得与失都不能独立存在，同归圆觉，因为圆觉远离系缚，所以得念失念都是解脱。

③**成法、破法**：依教修行，精进就是成法，懈怠就是破法。成与破相待而成立，因破而有成，因成而有破，所以成、破都不是真实存在，都是假有幻有，都是空，二者同归圆觉，而圆觉又与涅槃同义，所以说"成法、破法，皆名涅槃。"

④**智慧、愚痴**：圆觉是不生灭法，能照诸碍，就是

智慧，不能照碍就是愚痴，智慧和愚痴相待而成立，因智慧而有愚痴，因愚痴而有智慧，所以二者都是假有，同归圆觉。

⑤**般若**：梵文 Prajna 的音译，另译波若、钵罗若等，意译为智慧，这种智慧是佛特有的，能够认识诸法实相。

⑥**定**：禅定之略，三学（戒、定、慧）之一，梵文 Samadhi 的意译，另译等持，音译三摩地、三昧等。心专注一境而不散乱的精神状态，通过禅定，能够产生智慧，《大乘百法明门论忠疏》称："于所观境，令心专注不散为性，智依为业。谓观得、失、俱非境中，由定令心不散，依斯便有决择智生。"

⑦**慧**：分别事理决断疑念之作用，也可以是通达事理的作用。智与慧虽为通名，但二者是不同的，通达有为之事情称为智，通达无为空理为慧，《成唯识论》卷九称："云何为慧？于所观境拣择为性，断疑为业，谓观得、失、俱非境中，由慧推求，得决定故。"

⑧**梵行**："梵"为清净之义，断淫欲之法为梵行，即梵天之行法，修梵行则生梵天。《大智度论》称："断淫欲天皆名为梵天，说梵皆摄色界，以是故断淫行法名为梵行，离欲亦名梵，若说梵则摄四禅四无色定。"

⑨**国土**：一切有情众生的住处，称为国土。有净土、秽土等之区别，天台宗认为有四种国土：（一）凡圣同居

土。分净、秽二种，如阎浮提为凡圣同居之秽土，如兜率之内宫、西方之极乐，为凡圣同居之净土；（二）方便有余土。罗汉死后所生之国土；（三）实报无碍土。这是断一分无明之菩萨所生之处；（四）常寂光土。佛的住处。

⑩**法性**：与实相、真如、涅槃等同义，即事物的本质、本源、本体，《成唯识论述记》卷九："性者体义，一切法体，故名法性。"

⑪**天宫**：梵文 Devapura 的意译，音译泥缚补罗，天神居住的宫殿。

⑫**有性**：有出离解脱之性，称之为有性，无佛性称之为无性，即阐提。

⑬**法界海慧**：佛地所以能够融会各种对立的事物而归入圆觉性，就是因为法界智，法界即一真法界，只佛地而有，依此一真法界而起平等大慧，犹如大地一样无量无边，所以称为法界海慧。

⑭**照了诸相**："诸相"即前述凡夫相、地前相、入地相。"照了"即认识到以前诸相都起自圆觉，了知其相为实相，实相即无相，又归入圆觉，所以下文说"犹如虚空"。

⑮**如来随顺觉性**：如来从最初发心，由凡夫经地前，至地上，毕竟圆满至极，所以能够游大圆觉海，并证彼

岸而入妙觉果地，所以称为如来随顺觉性。

⑯**一切时**：即六时，有二解：昼三时和夜三时合为六时。昼三时如下：晨朝、日中、日没。夜三时如下：初夜、中夜、后夜。一年分为六时，参见《大唐西域记》卷二：“又分一岁为六时，正月十六日至三月十五日，渐热也；三月十六日至五月十五日，盛热也；五月十六日至七月十五日，雨时也；七月十六日至九月十五日，茂时也；九月十六日至十一月十五日，渐寒也；十一月十六日至正月十五日，盛寒也。”

⑰**妄念**：意谓虚妄之心念，凡夫贪着色、声、香、味、触、法六尘虚妄境界之念。

⑱**妄心**：意谓虚妄分别之心，《大乘起信论》称：“一切众生，以有妄心，念念分别。”

⑲**供养**：奉献香华、灯明、饮食、资财等物，资养佛、法、僧三宝，称之为供养。一般来说，有四种供养：饮食、衣服、卧具、汤药。

⑳**一切种智**：三智（一切智、道种智、一切种智）之一，佛的智慧，因为佛智圆明，能够通达事物的总相和别相，能够理解一切诸佛之道法，又能知晓一切众生之因种。

译文

善男子！贪、嗔、痴等一切障碍成佛的因素，本身就是究竟觉；得念和失念，无非都是解脱；成法和破法，都称为涅槃；智慧和愚痴，通通为般若；菩萨和外道，所成就的法门，都是菩提；无明和真如，境界并无区别；各种戒、定、慧和淫欲、愤怒、愚痴，都同样是梵行；有情众生和国土，本源都是同一法性；地狱、天宫，都是净土；一切有情众生，不管是有灵性，还是没有灵性，都能够成就佛道；一切烦恼，毕竟是解脱；我们的智慧如同大海一样，充满整个法界，充满整个虚空，对于外界和内心的一切现象，都能清清楚楚地知觉明了。这就称为如来随顺觉性。

善男子！各位菩萨及末法时期的有情众生，在任何时候都不会生起虚妄的幻想。对于各种妄心也不用息灭，安住于妄想境界，没必要加以了知。对于不了知的事物，也不用去辨别是否是真实的。那些有情众生听到这样的法门，相信理解接受，并照此修持，不会产生惊恐怖畏，这就称为随顺觉性。

善男子！你们应当知道，这样的有情众生，过去生过去世曾经供养过百千万亿恒河沙数的诸佛和伟大的菩萨，已经种下了众多功德，成为万德之本，佛说这种人就称为成就一切种智。

原典

尔时，世尊欲重宣此义，而说偈言：

清净慧①当知，圆满菩提性，
无取亦无证②，无菩萨众生。
觉与未觉时，渐次有差别③。
众生为解碍，菩萨未离觉，
入地永寂灭④，不住一切相，
大觉悉圆满，名为遍随顺。
末世诸众生，心不生虚妄，
佛说如是人，现世即菩萨。
供养恒沙佛，功德⑤已圆满，
虽有多方便，皆名随顺智。

注释

①**清净慧**：有情众生的心智本来是清净的，懂得了这种清净，自然就开发了智慧。

②**无取亦无证**：菩萨是能证之人，众生是能取之人，既然所取、所证是没有的，能取、能证也是没有的，都

是幻化。

③**渐次有差别**：因为一切幻化，都生于如来妙圆觉心。灭得一分幻化，显得一分觉性。所以幻灭就是觉时，幻未灭就是未觉时，所以“渐次有差别”。

④**入地永寂灭**：入地前，有照有觉，都是障碍。入地后，能照、所照同时寂灭，不住一切相。

⑤**功德**：“功”意谓福利之功能，这种功能是善行之德，所以称为功德。《大乘义章》卷九称：“言功德，功谓功能，善有资润福利之功，故名为功。此功是其善行家德，名为功德。”“德”又有“得”的意思，修功有所得，所以称为功德。《胜鬘宝窟》卷上本称：“恶尽言功，善满曰德。又德者得也，所功所得，故名功德也。”

译文

这时候，世尊为了重新宣讲这一教义，而说如下偈颂：

清净慧菩萨！你应当知道，大圆满的菩提觉性，无所得，也无所证，没有菩萨，也没有众生。觉的时候和没有觉的时候，渐次有所差别。有情众生被自己的见解障碍住了，见了道的菩萨始终没有离开觉悟，入地菩萨永远是寂灭，不执着一切事物之相。成佛以后，伟大的觉性圆满遍一切处，这称为普遍随顺。末法时期的各类众生，其心不产生虚妄幻想，佛说像这样的人，现在世是因地菩萨。过去世供养过如恒河沙一样多的佛，功德已经圆满了，佛法中虽然有很多方便法门，都称为随顺智。

7　威德自在章

原典

于是，威德自在菩萨[①]在大众中，即从座起，顶礼佛足，右绕三匝，长跪叉手而白佛言：大悲世尊！广为我等分别如是随顺觉性[②]，令诸菩萨觉心光明[③]。承佛圆音[④]，不因修习而得善利[⑤]。

世尊！譬如大城外有四门[⑥]，随方来者，非止一路。一切菩萨庄严佛国[⑦]及成菩提，非一方便。唯愿世尊广为我等说一切方便渐次，并修行人总有几种，令此会菩萨及末世众生求大乘者，速得开悟[⑧]，游戏如来大寂灭海[⑨]。作是语已，五体投地，如是三请，终而复始。

尔时，世尊告威德自在菩萨言：善哉！善哉！善男子！汝等乃能为诸菩萨及末世众生，问于如来如是方便，汝今谛听，当为汝说。时威德自在菩萨奉教欢喜，及诸大众默然而听。

注释

①**威德自在菩萨**：梵文名为 Vipularddhi，三十三观音之一。其像左手持莲花，坐在岩上，配于《法华经》的《普门品》。所谓“应以天大将军身得度者，现天大将军身而为说法”，此大将军之威德广大而胜，故名威德。

②**如是随顺觉性**：是指前章所提及的佛随顺众生的不同根器，开示凡、贤、圣果位的渐证法门。

③**觉心光明**：此指前章所述及的闻佛说渐顿次第，而随分识碍显觉，使觉体起大光明。

④**圆音**：即圆妙之音，是谓佛语，“一音说法，随类各解”之义。

⑤**不因修习而得善利**：是谓只闻佛说，不假修习，即可识得自心，不依观行而得觉心光明，更何况悉心修行呢？“善利”，即善妙利益，是谓菩提之利益。《法华经》的《化城喻品》曰：“安稳成佛道，我等得善利。”

⑥**大城外有四门**：此为比喻之说。“大城”喻佛国净土，圆明觉心；“四门”喻空、有、亦空亦有、非空非有四种修习法门。求大乘道的菩萨和末法时期的有情众生，

随顺各自的根性，任修一种法门，即可进入佛国，悟到净妙圆觉之心。

⑦**庄严佛国**：以善美饰国土或以功德饰依身曰庄严。“佛国”是谓佛所住之国土，又佛所化之国土。净土固为佛国，秽土就佛所化言之，亦可云佛国。《维摩经·嘉祥疏》一曰：“净秽等土无非佛国。若言净土但得净不兼秽。”此中取净土义，亦即清净圆妙觉性。“庄严佛国”即庄严各自的清净觉性。“庄严”在这里作及物动词用。

⑧**开悟**：开智悟理之义。

⑨**游戏如来大寂灭海**：是谓得了道的菩萨及末世众生犹如游戏于如来寂灭之海那样自在。

译文

于是，在广大徒众中的威德自在菩萨，立即从座位上站起来，向佛足顶礼，绕佛右转三圈，长跪合掌，对佛说道：大慈大悲的世尊！您为我们全面详尽地分析开示了如何随顺各自的觉性，让求大乘道的各位菩萨觉心光明。承蒙佛的圆妙声音教化，使我们不经修习即可获得善妙利益。

世尊啊！譬如一座大的城池，外围有四座城门，随便从哪一方来，都可以进入城内。进城的道路并非一条。

同样，一切菩萨庄严佛国以及成就菩提的法门也并非一种。现在，只希望世尊能为我们更加广泛地宣讲一切成佛的法门和渐修次第，以及修行者共有几种，以使今天参加这次法会的菩萨和末法时期求大乘道的有情众生能够速得开悟，游戏于如来广大的寂灭之海。讲完上述言语，便行五体投地大礼，这样恳切地启请了三次，请求世尊教诲。

这时候，世尊对威德自在菩萨说道：好啊！好啊！善男子！你能够为一切求大乘道的菩萨和末法时期的有情众生询问如来这些方便，现在你就仔细听，我来为你解说。这时候，威德自在菩萨听到佛要说法，十分高兴，在座的大众也都静静地聆听。

原典

善男子！无上妙觉[①]遍诸十方，出生如来[②]与一切法同体平等[③]。于诸修行，实无有二，方便随顺[④]，其数无量。圆摄所归，循性差别[⑤]，当有三种。

善男子！若诸菩萨悟净圆觉[⑥]，以净觉心，取静为行[⑦]。由澄诸念，觉识烦动[⑧]，静慧发生[⑨]，身心客尘从此永灭[⑩]，便能内发寂静轻安。由寂静故，十方世界诸如来心于中显现[⑪]，如镜中像。此方便者名奢摩他[⑫]。

善男子！若诸菩萨悟净圆觉，以净觉心知觉心性及与根尘皆因幻化[13]，即起诸幻以除幻者[14]，变化诸幻而开幻众[15]。由起幻故[16]，便能内发大悲轻安。一切菩萨从此起行，渐次增进，彼观幻者非同幻故。非同幻观[17]皆是幻故，幻相永离[18]。是诸菩萨所圆妙行如土长苗[19]。此方便者名三摩钵提[20]。

善男子！若诸菩萨悟净圆觉，以净觉心，不取幻化[21]及诸静相[22]，了知身心皆为罣碍[23]，无知觉明[24]，不依诸碍[25]，永得超过碍无碍境[26]受用世界[27]及与身心。相在尘域，如器中钢[28]，声出于外。烦恼涅槃不相留碍，便能内发寂灭[29]轻安[30]，妙觉随顺[31]寂灭境界。自他身心所不能及[32]，众生寿命为浮想[33]。此方便者名为禅那[34]。

注释

①**妙觉**：微妙觉心，其为万法之体，体居相先，故称“无上妙觉”，又因为它无所不在，故说“遍诸十方”。

②**出生如来**：是谓从妙觉缘生的一切诸佛。

③**同体平等**：是谓一切如来和有情无情等一切法都缘生于微妙觉心，故说“同体平等”，在本体上没有差别，佛性亦即法性，佛法无二，佛即众生，众生即佛，彼此毫无二致。

④**方便随顺**：是谓根据众生根性的利钝，烦恼的薄厚、沉掉不同而设立的修习便用之法。

⑤**循性差别**：当有三种。经过对千差万别方便的总括归纳，再因循众生根性的不同，设立三种方便。这三种方便即下文所讲的空观（奢摩他）、假观（三摩钵提）、中观（禅那）。

⑥**悟净圆觉**：是谓解知悟本有之觉心清净无染、周遍圆满、无执尘相。悟然后修行方为妙行。

⑦**取静为行**：是谓以澄心净念的止观为其修行。

⑧**觉识烦动**："觉识"为"分别之识"又名"意识"(manovijñāna)，由"阿梨耶识"(Ālaya-vijñāna)所生，具有分辨声、色、香、味、触、法等耳、眼等六根识的功用。相当于《唯识论》八识中的前六识。《大藏法数》曰："于六尘等种种诸境而起分别也。此言由第七末那识传送，第六意识能起分别，故名分别识也。""觉识烦动"是指对六根传送的六尘微细分辨活动。

⑨**静慧发生**：是谓澄灭觉识烦动之后，因静极而光通，光明顿现，故曰静慧。

⑩**身心客尘从此永灭**：由于静慧发生，光通明照，观知身心亦如客尘，虚幻不实，从而不执，身心相尽，故说"永灭"。

⑪**诸如来心于中显现**：是谓心、佛、众生三无差别，

众生的清净圆满觉性本与佛无异，但因妄情，凡圣相隔。而今，心澄念灭，身心相绝，凡圣交融，本有之佛心自然显现。

⑫**奢摩他：**梵文 Samatha 的音译，旧译止、寂止、寂灭、等静、定心、禅定等。与“观”合称为“止观”，为佛教修习的重要法门。

⑬**心性及与根尘皆因幻化：**“心性”即识与根、尘各无自性，故为空，而三者相合才为有，有实际是非有，故说假有，亦即幻化。如根缘尘而有知；尘缘根而有相；根尘缘识而有性；识缘根尘而有分别之用。根尘识三者相缘才成有，相缘无性故为幻化。

⑭**即起诸幻以除幻者：**“诸幻”指幻智或曰观智；“幻者”指以根本无明之惑而始动本心的业识。全句是说在觉知即了知心性及根尘皆为幻化的基础上发起观照之智，用以观照即亲证根尘识三者本来无，但因无明所变现而成有，有即假有，实为幻化。自我身心及一切众生皆同根尘，是为幻化。随相追本，直至根本无明悉为幻者，既幻而不执，幻相及幻者尽灭，故称以幻除幻或即起诸幻以除幻者。

⑮**变化诸幻而开幻众：**是说除幻已尽，便能缘发不可思议的神通妙力，故能从空生假，变化诸种幻化而开示如幻众生。如现十界之身，广作佛事，化度众生等。

⑯**由起幻故**：便能内发大悲轻安，是说由于发起幻智，观见一切众生皆同自我身心是为幻化所现，因而使能内发度脱众生的大慈悲心。虽度众生，而无执度脱之相，故有轻安、恬适之感。

⑰**非同幻观**：旧释“非同幻之观”，但据后接“皆是幻故”，判是前释不切，“皆”有同、俱之义，故释“彼此不同的幻和观”较为贴切。

⑱**幻相永离**：紧接上句“非同幻观皆是幻故”，既然幻境和观智皆幻，所观（幻）和能观（智）俱忘，境智一忘，唯存灵妙之心独朗，故说“幻相永离”。此为中观。

⑲**如土长苗**：此为比喻之说，种喻觉心，土喻幻法，苗喻幻智，以幻起智，如土长苗，待苗成熟，独获秀实，土苗尽弃。以此比喻一旦悟得圆觉，幻、智俱忘。

⑳**三摩钵提**：亦名“三摩钵底”，为梵语 Samapatti 的音译，意译：“等至、正受、三昧、定等。”此即假观。

㉑**幻化**：是指第二种方便三摩钵提即幻观所起的幻化作用。

㉒**诸静相**：是指第一种方便奢摩他即止观所起的各种清净亦即空相。

㉓**了知身心皆为罣碍**：“了知”托身心所起，是能动者；“身心”是了知的对象，为所受者。二者都是求大乘

道的障碍。“罣碍”言障于前后左右上下而进退无途。“罣”为四面之障碍。《般若心经》曰：“依般若波罗蜜多故，心无罣碍。心无罣碍故，无有恐怖。”

㉔**无知觉明**：心缘曰知，身触为觉。既然前句所说身心，当然连同依托身心所起的知、觉都是罣碍，进入观中境界，自然得空掉知和觉，故称“无知觉”。“明”本是智慧之异名，在这里指圆妙觉心，即众生无始已来，常住清净，昭昭不昧，了了常知之本心。

㉕**诸碍**：是指身心以及赖以发起的觉知即所谓所知和能知两个方面。

㉖**碍无碍境**：其中“碍”指幻观，“无碍”指静观。修此观待到证入时，则永得超越幻、静二种境界。

㉗**受用世界**：是谓资源所受用国土等。

㉘**如器中锽**：“器”指乐器，“锽”指大钟，亦有钟之声相义。钟喻身心等有碍之境，锽锽钟声喻灵明观智，钟内之空喻无碍境。今锽锽钟声传扬四方，有碍洪钟及无碍内空均不能留碍。而观智明照，有碍烦恼不能止，无碍涅槃不能留。身相虽然仍留旧处，而明智则廓然无边。

㉙**寂灭**：本是涅槃的异名，在这里是指中道修习所达到的境界。不起静相为寂；不起幻相为灭。

㉚**轻安**：中道修习所达到的境界，是谓纤尘不染。

㉛妙觉随顺：是谓在观时，所依妙心与佛相合而一。

㉜自他身心所不能及：此中“自身心”我相；“他身心”为人相。故本句实指《金刚经》所说的“无我相，无人相”。

㉝众生寿命皆为浮想：实如《金刚经》所说的“无众生相、无寿者相”。所谓“浮想”是说生、寿二相虚幻不实，故为空，但“浮想”也并非空无，故立非空：这种空亦非空的境界则为中观。

㉞禅那：梵文 Dhyana 的音译。意译静虑、禅定、思惟修，心定一境而离散动之义。《俱舍论》卷二十八曰：“依何义故玄静虑名，由是寂静能审虑故。审虑即是实了知义。如说心在定能如实了知。”认为能使心宁静专注，便于深入悟解义理。在这里，静为止，虑为观，禅那即止观双修，不同于取静为行的单纯止修，也不同于起幻为相的单纯观修。此中“止”为息二边分别止，静相和幻化皆不求取；此中“观”即为中观，静幻皆中即静亦非静，幻亦非幻，没有任何可肯定的一边可取。故直观中道。

译文

善男子！至高无上的圆妙净觉无所不在，遍漫十方。

从妙觉出生的诸方如来和一切万有，在本体上是平等的。在修行方面也没有什么两样，如果说随顺众生的不同根性所设的方便，其数量则是无穷无尽的。但是，如果将其全部搜集起来，依循众生的不同根性加以归纳，应当说有三种。

善男子！如果各位菩萨先了悟自身本有清净圆觉，以清净觉心为基础，把求静作为修行，由于各种妄念沉淀不起，心境澄澈清明，所以就会观知觉识在烦乱扰动，继而因静极而妙慧发生，作为虚妄客尘的身心也从此永远泯灭，内心也自然会生发寂静、轻适和安恬。由于寂静的缘故，十方三界一切如来心便在自心显现，就如镜中的映像一样。这种灵便方法称为奢摩他。

善男子！如果所有菩萨首先了悟本有清净圆妙觉性，再以清净圆妙觉心来觉知心性以及根尘都是幻化的。从而缘起诸种幻智以灭除诸种幻化，并以变化各种不同的如幻佛事开悟如幻众生。由于起幻缘故，便能在内心缘发大慈大悲及轻安恬适之相，一切菩萨都应当从这一幻观门起修，渐次增进，是因为那个观幻的观者还没有与被观的幻者等同起来，一旦彼此不同的幻者和观者都成为幻化的时候，幻化之相则会永远离去消失。这些菩萨所圆满的幻观妙行，就如依土长苗那样渐次圆熟。这种灵活方法称作三摩钵提。

善男子！如果一切菩萨了悟本有清净圆妙觉性，依赖清净圆妙觉心，不求取幻化境界和各种净相。（之所以不去求取，）是因为缘起了知的身心都是障碍（一旦进入了观中境界），就没有了心缘之知和身触之觉，唯有圆明觉心独照。（修习中观）不依赖诸种障碍法，永远超越有碍和无碍境界，也超越可资缘用的世界以及身心。其身相虽在尘世，但它犹如乐器中的洪钟，其声外扬（而无障碍）。同样，烦恼和涅槃也不能留作障碍。（到此）体内便会发出清虚、寂静、轻安、恬适之相，其圆妙觉心与寂灭真境契合如一。这种真境、自我和他人身心不能契及，众生寿命也不过是飘忽不定的浮想而已。这种灵活的修习方法被称为禅那。

原典

善男子！此三法门皆是圆觉亲近随顺。十方如来因此成佛。十方菩萨种种方便一切同异皆依如是三种事业。若得圆证①，即成圆觉。

善男子！假使有人修于圣道②，教化成就百千万亿阿罗汉③、辟支佛④果，不如有人闻此圆觉无碍法门，一刹那顷随顺修习。

注释

①**圆证**：即圆融三修，虽成一修，皆证三观之义。

②**圣道**：即圣者之道，总称三乘所行之道。在这里特指小乘出世道。

③**阿罗汉**：Arhat 的音译，小乘佛教修行的最高果位。据梵名可有三译：一译杀贼，谓杀烦恼贼；二译应供，谓应受人天供养；三译不生，是谓永入涅槃，不再受生死果报。

④**辟支佛**：梵名 Pratyekabuddha 的音译，意译缘觉或独觉，据《大乘义章》，有二义：出生于无佛之世，当时“佛法已灭”，但因前世修行的因缘，“自以智慧”得道；自觉不从他闻，观悟十二因缘之理而得道。“辟支佛果”即小乘果位。

译文

善男子！上述这三种法门都是趋入圆觉最便捷通畅顺利的法门。十方所有如来都是因为这三种法门才得以成佛的。十方菩萨所随机修持的一切灵便方法，不管是相同的，还是不同的，都离不开上述这三种修习事业。如上三修，如果能圆满证得，也就是成就了圆觉。

善男子！假使有人学佛，修行于圣道，教化千百万亿人，让他们成就阿罗汉和辟支佛果，也不如有人聆听这圆觉无碍法门，一刹那顷随听即修。

原典

尔时，世尊欲重宣此义，而说偈言：

威德汝当知，无上大觉心①，

本际无二相②。随顺诸方便，

其数即无量。如来总开示，

便有三种类；寂静奢摩他，

如镜照诸像；如幻三摩提，

如苗渐增长；禅那唯寂灭，

如彼器中钢。三种妙法门，

皆是觉随顺。十方诸如来，

及诸大菩萨，因此得成道。

三事圆证故，名究竟涅槃③。

注释

①无上大觉心：觉心为本体，体在万相之前，故说“无上”；因其无所不在，遍漫一切，故说“大”。因觉心广大无边，无所不在，故为众生所共有。

②**本际无二相**：“本际”是指如来和众生所共有的本体，即无上大觉心。因如来与众生同体，故说“无二相”。

③**究竟涅槃**：亦名大般涅槃，为梵名Mahāpariniruāna的意音混译。mahā意为大，parinir-uāna音译般涅槃。意译大入灭息，大灭度，大圆寂入等。“大”为灭德的美称；“灭”为灭烦恼灭身心之义；“息”为安息之义；“度”为超度生死之义；“圆寂”为功德圆满寂灭相累之义；“入”为归于灭。

译文

这时候，世尊为了重新宣讲这一教义，而说如下偈颂：

威德菩萨！你应当知道，至高无上广大无边的觉心，在本体上没有什么不同的貌相，但就众生所修持的诸多灵便方法而论，其数量则是无限的。但如来将其总括归纳起来并用以开示众生的却只有三种：第一是求取寂静的修止法（奢摩他），此法为澄心如镜光通明照诸像；第二是观尘如幻的修观法（三摩钵提），此观如土长苗逐渐成熟；第三是导至寂灭的修禅法（禅那），修禅就要使灵明观智像洪钟的声音一样（镗镗外扬而无障碍）。上述这三种法门，都是与圆妙觉心相顺应的灵便方法。十方世界一切如来和所有的大菩萨都是依赖这三种法门才得以成道的。前三种事业如果能得以圆融修证，其名为究竟涅槃。

8 辨音章

原典

于是，辨音菩萨在大众中即从座起，顶礼佛足，右绕三匝，长跪叉手而白佛言：大悲世尊！如是法门甚为希有。世尊！此诸方便，一切菩萨于圆觉门，有几修习？愿为大众及末世众生方便开示，令悟实相①。作是语已，五体投地。如是三请，终而复始。

尔时，世尊告辨音菩萨言：善哉！善哉！善男子！汝等乃能为诸大众及末世众生问于如来如是修习②。汝今谛听，当为汝说。时辨音菩萨奉教欢喜。及诸大众默然而听。

注释

①**实相**：所谓“实”即非虚妄之义；所谓“相”即无相。此指万有本体。或称法性、真如。在其为万法本性的意义上，为法性；在其体真实常住的意义上，为真如；在其真实常住为万法实相的意义上，则为实相。而一实、一如、一相、无相、法身、涅槃、真谛、真性、真实、实性等都是实相的别名。《涅槃经》卷十四曰：“无相之相名为实相。”《法华文句记》卷四曰：“言实相者，非虚故实，非相为相，故名实相。”在这里是指圆妙觉心。

②**如是修习**：指前文由辨音菩萨所询问的修止、修观、修禅三种法门究竟有几种具体修法。

译文

于是，在广大徒众中的辨音菩萨立即从座位上站起来，向佛足顶礼，绕佛右转三圈，长跪合掌，对佛说道：大慈大悲的世尊啊！您所讲述的这些修习法门，在世上极为罕有。请问世尊，一切菩萨要进入圆觉之门，上述那几种方便有几种方法可供修习？希望您为广大徒众和末法时期的众生方便开示，让他们证悟实相。这样说了以后，便五体投地向佛行礼。就这样恳切地启请了三次，请求世尊教诲。

这时候，世尊对辨音菩萨说道：好啊！好啊！善男子！你能够为诸多徒众及末法时期的有情众生向如来询问这些修习问题。现在请你仔细听！我这就为你解说。这时，辨音菩萨受到佛的教诲，非常喜欢。在座的广大徒众也都默然聆听。

原典

善男子！一切如来圆觉清净，本无修习及修习者①。一切菩萨及末世众生，依于未觉幻力②修习，尔时，便有二十五种清净定轮③。

若诸菩萨唯取极静④，由静力故，永断烦恼⑤，究竟成就⑥。不起于座，便入涅槃。此菩萨者名单修奢摩他⑦。

若诸菩萨唯观如幻⑧，以佛力⑨故，变化世界种种作用，备行菩萨清净妙行，于陀罗尼不失寂念及诸静慧⑩。此菩萨者名单修三摩钵提。

若诸菩萨唯灭诸幻，不取作用⑪，独断烦恼，烦恼断尽，便证实相。此菩萨者名单修禅那。

注释

①本无修习及修习者：是说如来之圆妙觉心清净无

尘，不染众惑。既然清净，便无法可修，既然没有可修之法，也就谈不上修习者。

②**幻力**：在这里是指发心起修之妄念。妄念如幻，故称幻力。

③**清净定轮**：能破诸惑，故曰“清净”；上述三观皆有止，故称“定”；三观轮替交互修习，又能摧碾诸障，转运至菩提佛果，故称“轮”。前三观有三单修，次有三七（二十一）种轮替交修，最后有一种圆修，合共二十五清净定轮。

④**唯取极静**：是说以取极静心境作为修行。

⑤**由静力故，永断烦恼**：是说由于心境达到了极静状态，任何妄念都不会泛起，烦恼自然不生，所以说烦恼“永断”。

⑥**究竟成就**：大乘五种果位之一，以佛果为究竟至极之位，故称“究竟位”。《唯识论》卷九曰：“究竟位谓无上正等菩提。”又《三藏法数》卷二十一曰：“究竟位，即妙觉，佛证此果位，最极清净，更无有上，故名究竟位。”

⑦**奢摩他**：梵名 Samatha 的音译，又作舍摩他、奢摩陀。禅定的七名之一。意译曰止、寂静、能灭等。《慧苑音义》卷上曰：“奢摩他，此云止息，亦曰寂静。谓正定离沉掉也。”

⑧**唯观如幻**：是谓此观以起幻为行，在观幻中，观诸世界和一切众生悉如幻化。

⑨**以佛力**：是谓修习幻观，化度众生，得赖诸佛已经修成之法，故说“以佛力”。

⑩**不失寂念及诸静慧**：“寂念”即禅定，中观；“静慧”即静智或观智，亦即空观。本句是谓虽修假观（三摩钵提），但不失空观（奢摩他）和中观（禅那）实际是一修三修，并非单一修习。

⑪**作用**：是谓有为法之生灭。此中含义可见译文。

译文

善男子！若就一切如来本有之圆妙清净觉心说来，本无所谓修习和修习者。今一切菩萨及末法时期的有情众生，因未证圆觉而依赖于幻化之力发起修习，这时候，便可以说有二十五种修习法门。

如果诸位菩萨在修行中澄止一切杂念，只是力求心境呈现极静状态，由于静极所产生的力量，就会永远断灭烦恼，终成佛道。修行不用起座，便能进入涅槃。这些菩萨所修行的称为单修奢摩他。

如果诸位菩萨只是观法如幻，凭借佛的慈悲之力，变化如幻世界及其种种作用，周全完备地实行菩萨的清净妙行，在圆觉这一总持法门中不忘失寂念和诸种静慧。这些菩萨所修习的称作单修三摩钵提。

如果诸位菩萨唯从灭绝一切如梦如幻的妄念入手，不起神通变化世界、度脱众生的种种作用，唯独断灭烦恼，烦恼被断灭干净之后，圆觉实相自然就会呈现。这些菩萨所修习的称作单修禅那。

原典

若诸菩萨先取至静，以静慧①心照诸幻者，便于是中起菩萨行②。此菩萨者名先修奢摩他，后修三摩钵提。

若诸菩萨以静慧故，证至静③性④，便断烦恼，永出生死⑤。此菩萨者名先修奢摩他，后修禅那。

若诸菩萨以寂静慧复现幻力，种种变化⑥，度诸众生，后断烦恼而入寂灭。此菩萨者名先修奢摩他，中修三摩钵提，后修禅那。

若诸菩萨以至静力断烦恼已，后起菩萨清净妙行，度诸众生。此菩萨者名先修奢摩他，中修禅那，后修三摩钵提。

若诸菩萨以至静力，心断烦恼，后度众生，建立世界。此菩萨者名先修奢摩他，齐修三摩钵提、禅那。

若诸菩萨以至静力，资发变化，复断烦恼。此菩萨者名齐修奢摩他、三摩钵提，后修禅那。

若诸菩萨以至静力，用资寂灭，后起作用变化世界。此菩萨者名齐修奢摩他、禅那，后修三摩钵提。

注释

①**静慧**：安静之智慧即空慧，是谓由极静所起光通心境。

②**菩萨行**：即菩萨清净妙行。

③**至静**：又称极静。禅定之力极而静心。

④**性**：指圆妙觉性。

⑤**便断烦恼，永出生死**：烦恼为因，生死为果，因断，果自然不生，故说永出生死。

⑥**变化**：转换旧形名为变，无而忽有名为化。佛菩萨之通力，能变有情非有情之一切。《法华经》曰："神通变化不可思议。"又《义林章》卷七曰："转换旧形名变，无而忽有名化。变与化异，是相违释。"

译文

如果诸位菩萨先从空观入手，达到极静的心境，再以由静极所起静慧之光，观照如梦如幻的诸多世界和一切众生。此时，便在观幻中发起菩萨清净妙行，这些菩萨所修习的称作先修奢摩他，后修三摩钵提。

如果诸位菩萨由于凭借了静慧的缘故，证悟到至静的圆妙觉性，烦恼便会自然断灭，烦恼一灭，则永远出离生死。这些菩萨所修习的称作先修奢摩他，后修禅那。

如果诸位菩萨凭借静极所生之智慧，现起幻化之力以及种种变化作用，度脱一切众生，而后断灭烦恼，进入灭境界。这些菩萨所修习的称作先修奢摩他，中修三摩钵提，后修禅那。

如果诸位菩萨凭借至静之力，首先断除烦恼，而后发起菩萨清净妙行，化度一切众生。这些菩萨所修习的称作先修奢摩他，中修禅那，后修三摩钵提。

如果诸位菩萨凭借至静之力，使心中一切烦恼妄念断然息灭，而后度化众生，建立世界。这些菩萨所修习的称作先修奢摩他，齐修三摩钵提和禅那。

如果诸位菩萨用至静之力相资，发起通力变化作用，再断除一切烦恼。这些菩萨所修的称为齐修奢摩他、三摩钵提，后修禅那。

如果诸位菩萨用至静之力资助于寂灭境界，而后发起通力作用，变化世界。这些菩萨所修习的称作齐修奢摩他、禅那，后修三摩钵提。

原典

若诸菩萨以变化力，种种随顺而取至静[①]。此菩萨者名先修三摩钵提，后修奢摩他。

若诸菩萨以变化力，种种境界而取寂灭[②]。此菩萨者名先修三摩钵提，后修禅那。

若诸菩萨以变化力，而作佛事[③]，安住寂静而断烦恼[④]。此菩萨者名先修三摩钵提，中修奢摩他，后修禅那。

若诸菩萨以变化力，无碍作用[⑤]，断烦恼故，安住至静。此菩萨者名先修三摩钵提，中修禅那，后修奢摩他。

若诸菩萨以变化力，方便作用，至静寂灭二俱随顺[⑥]。此菩萨者名先修三摩钵提，齐修奢摩他、禅那。

若诸菩萨以变化力，种种起用，资于至静，后断烦恼。此菩萨者名齐修三摩钵提、奢摩他，后修禅那。

若诸菩萨以变化力，资于寂灭，后住清净无作[⑦]静虑。此菩萨者名齐修三摩钵提、禅那，后修奢摩他。

注释

①**而取至静**：是谓诸菩萨虽然随顺众生的不同根性而任运度化，但知其如幻如化，而心犹如澄水湛然不动。

此属空观。句首变化力则属假观。

②**而取寂灭**：是谓假观修成之后，直接证悟大悲轻安、永断烦恼的中观实相。

③**佛事**：是指诸佛之教化。《维摩经》曰："于娑婆世界施作佛事。"同注"什曰：佛事谓化众生。"同经《菩萨品》曰："诸佛威仪进止，诸所施为，无非佛事。"

④**安住寂静而断烦恼**：前者属空观，后者属中观。

⑤**无碍作用**：是言变化通力无所不能的幻化作用，如变娑婆成净土，化地狱作天宫，随机化度众生。没有丝毫障碍。

⑥**二俱随顺**：由梵文动词根 anu-gam 演生的诸如动词、名词、形容词等词类虽然都可以译作"随顺"，但远远未能涵盖其全义。例如前动词根所演生的过去分词 anu-gata，在佛经中可见到的汉译有随、顺、随顺、所随逐、随去、随入、相随、随行、随向、所随；随知、了知、通达；入、游入；导；观等。而所派生的名词 anu-ganma 则被译为随、顺、随顺、随应；知、证；随知、解知、普知、了知，随证，解了，意解，随解，通达，随顺知，随顺悟解；思惟；入；发；观察等。动词根 $\sqrt{gam}$ 的基本义则是往、知胜进等，引申义则有实践、证、知等。所以 anu-$\sqrt{\ \ }$ 才有前译。"二俱随顺"直译"二者皆跟随发生"，或"二者悉皆随证"。

⑦**无作**：即无因缘造作之义，同“无为”。《无量寿经》卷下曰：“无作无起，观法如幻。”

译文

如果诸位菩萨先以变化通力，随顺种种根性化度众生，而后再进入至静境界。这些菩萨所修习的称作先修三摩钵提，后修奢摩他。

如果诸位菩萨凭借变化通力，幻化种种境界，以教化众生，从而直入寂灭境界。这些菩萨所修习的称作先修三摩钵提，后修禅那。

如果诸位菩萨凭借变化通力，而做利于众生的种种事业，虽然从事佛的这种事业，但心际寂静依然如故，从而一切烦恼断然止灭。这些菩萨所修习的称作先修三摩钵提，中修奢摩他，后修禅那。

如果诸位菩萨凭借变化通力，显现所行无碍的幻化作用，继而一切烦恼断然止灭，并借此安然留住于至静境界。这些菩萨所修习的称作先修三摩钵提，中修禅那，后修奢摩他。

如果诸位菩萨凭借变化通力，为求大乘道的众生开示各种方便，显现各种幻化作用，接下来便是至静和寂灭二种境界的同现并生。这些菩萨所修习的称作先修三摩钵提，齐修奢摩他、禅那。

如果诸位菩萨凭借变化通力，发起种种幻化作用，并用以资助至静境界，最后断灭烦恼，这些菩萨所修习的称作齐修三摩钵提、奢摩他，后修禅那。

如果诸位菩萨凭借变化通力，资助于寂灭而后安然留住于清净无作的静虑境界。这些菩萨所修习的称作齐修三摩钵提、禅那，后修奢摩他。

原典

若诸菩萨以寂灭力而起至静，住于清净①。此菩萨者名先修禅那，后修奢摩他。

若诸菩萨以寂灭力而起作用。于一切境②寂用随顺③。此菩萨者名先修禅那，后修三摩钵提。

若诸菩萨以寂灭力，种种④自性⑤安于静虑而起变化。此菩萨者名先修禅那，中修奢摩他，后修三摩钵提。

若诸菩萨以寂灭力，无作⑥自性起于作用清净境界，归于静虑。此菩萨者名先修禅那，中修三摩钵提，后修奢摩他。

若诸菩萨以寂灭力，种种清净而住静虑，起于变化。此菩萨者名先修禅那，齐修奢摩他、三摩钵提。

若诸菩萨以寂灭力，资于至静而起变化。此菩萨者名齐修禅那、奢摩他，后修三摩钵提。

若诸菩萨以寂灭力，资于变化而起至静，清明境慧[7]。此菩萨者名齐修禅那、三摩钵提，后修奢摩他。

注释

①**清净**：离恶行之过失，离烦恼之垢染云清净，此中是指灵妄不起的心境。

②**一切境**：指菩萨起幻度生时所度化的对象。

③**随顺**：在这里应为相随、相应之义。

④**种种**：即各种不同的修习者，实指诸菩萨。

⑤**自性**：是谓诸法各自所有不改不变之性。实指诸菩萨各自所有之觉性。

⑥**无作**：意为无因缘之造作，如言无为。《七帖见闻》卷七曰："圆教意十界三千万法皆化"为状语。全句直译，种种清净而住静虑之心境在变化中建立起来。

⑦**清明境慧**："清明"在此为动词，有"使……明朗"之义。"境慧"同"境智"，所观万有实相之理谓"境"，能观之心谓"智"。于此，"境慧"应解为观境之慧。

译文

如果诸位菩萨借助于寂灭之力缘起至静，而后便安住于纤尘不染的清净心境。这些菩萨所修习的称作先修禅那，后修奢摩他。

如果诸位菩萨借助于寂灭之力，发起诸种幻化作用，以度众生。在一切所度之境，寂灭和作用相依相随、相辅相成。这些菩萨所修习的称作先修禅那，后修三摩钵提。

如果诸位菩萨借助于寂灭之力，使各自的自性安住静虑，再起各种幻化作用，以度众生。这些菩萨所修习的称作先修禅那，中修奢摩他，后修三摩钵提。

如果诸位菩萨借助于寂灭之力，使不假造作的自性在种种变化作用中，起清净境界，而后归于静虑。这些菩萨所修习的称作先修禅那，中修三摩钵提，后修奢摩他。

如果诸位菩萨借助于寂灭之力，使身心归于清净，安住于静虑，再起各种幻化作用，以度众生。这些菩萨所修习的称作先修禅那，齐修奢摩他、三摩钵提。

如果诸位菩萨借助于寂灭之力，资助于至静境界的建立，从而幻起种种变化。这些菩萨所修行的称作齐修禅那、奢摩他，后修三摩钵提。

如果诸位菩萨借助于寂灭之力，资助于起幻度诸众生的种种变化，因而缘起至静境界，使境慧更加清彻明朗。这些菩萨所修行的称作齐修禅那、三摩钵提，后修奢摩他。

原典

若诸菩萨以圆觉慧[①]圆合一切[②]，于诸性相[③]无离觉性[④]。此菩萨者名为圆修三种，自性清净随顺。

善男子！是名菩萨二十五轮。一切菩萨修行如是。若诸菩萨及末世众生，依此轮者，当持梵行、寂静、思惟[⑤]，求哀忏悔[⑥]。经三七日，于二十五轮各安标记。至心求哀，随手结取，依结开示，便知顿渐[⑦]。一念疑悔，即不成就。

注释

①**圆觉慧：**即圆妙觉心。

②**圆合一切：**“圆合”即圆融和合之义，“一切”指止、观、禅三谛理。是谓凭圆妙觉心修一观，二十四观皆修，悟一谛，三谛俱悟。

③**性相：**是谓修空观所证悟的空寂性和修幻观所起幻化之相。

④**无离觉性：**前句讲性和相的起用，本句讲性、相会归本体觉性。如事、理，性、相，真、妄，色、空等诸法都起于圆妙觉性，又都为其所圆融和合。

⑤**梵行、寂静、思惟：**是谓“戒、定、慧”三学，或三无漏学。持戒防身起恶；入定澄心，防止散乱；发慧辨邪，去惑证理。《名义集》卷四曰：“防非止恶曰戒；思虑静缘曰定；破恶证真曰慧。”三者互相生，为求佛得道的关键。《三藏法数》曰：“如来立教、其法有三：一曰戒律；二曰禅定；三曰智慧。然非戒不能生定，非定无从生慧。三法相资，不可缺。”

⑥**求哀忏悔：**如果恐怕宿障深重，依前定轮难成正果，就要向三宝祈请悲悯，忏露先罪。

⑦**顿渐：**即顿教和渐教。顿教是指形成顿悟佛果之法；渐教是指经历劫修行方出生死之法。顿教是为有顿悟机的人所修习的；渐教是为未熟众生所修习的。

译文

如果诸位菩萨以圆妙觉慧圆融和合一切，无论于空寂之性，还是于幻化之相，都离不开圆明觉性。这些菩萨所修习的称作圆修三观，他们的自性清净无碍，前述诸观随顺俱成。

善男子！以上所讲的称作菩萨二十五轮。所有菩萨所修习的都不出这二十五轮。如果诸位菩萨和末法时期的有情众生，依照这些定轮发心修行的话，就应当修持梵行、寂静、思惟，或向三宝求哀忏悔。经过二十一天，再分别（书写轮名）为二十五轮做出标记，心怀至诚地向三宝祈求哀悯，然后信手将那些标记作结，并信手取一枚，打开看示，依据此结的标示，便会得知自己所要修行的是顿修法门，还是渐修法门。如果对此起一闪念的怀疑，或开始修习又起懊悔，修习则不会成功。

原典

尔时，世尊欲重宣此义，而说偈言：

辨音汝当知，一切诸菩萨，

无碍清净慧，皆依禅定生。

所谓奢摩他、三摩提禅那，

三法顿渐修，有二十五种。

十方诸如来，三世修行者，

无不因此法，而得成菩提。

唯除顿觉人①，并法不随顺②。

一切诸菩萨，及末世众生，

常当持此轮。随顺勤修习，

依佛大悲力，不久证涅槃。

注释

①**顿觉人**：是指那些超上根机、圆顿悟解的人，他们不需要修习上述任何法门，即可一断永断，一证永证，顿悟成佛。

②**法不随顺**：是指那些上述任何法都不合他们根机的人，他们不适宜修上述法门。这是对不堪造就的下愚而言。

译文

这时，世尊为了重新宣讲这一教义，而说如下偈颂：

辨音菩萨！你应当知道，所有一切修大乘道的菩萨，他们所行无碍的清净觉慧都是依禅定而生的。所谓奢摩他、三摩钵提和禅那，这三种法门有顿修有渐修，总合起来有二十五种。十方三界的所有如来，以及三世的修行者，没有不因为上述法门而得成就菩提佛果的。这里不包括顿悟成佛和上述任何法门对他们都不合宜的人。凡一切求大乘道的菩萨和末法时期的有情众生，都应当经常修持这二十五种清净定轮。如果挑选适合于自己的勤奋修习，并依靠如来大慈大悲的力量加护，不久便会证得涅槃。

9　净诸业障章

原典

于是，净诸业障菩萨在大众中，即从座起，顶礼佛足，右绕三匝，长跪叉手而白佛言：大悲世尊！为我等辈广说如是不思议事[①]，一切如来因地行相[②]，令诸大众得未曾有，睹见调御[③]，历恒沙劫[④]勤苦境界，一切功用[⑤]，犹如一念[⑥]，我等菩萨，深自庆慰。世尊！若此觉性，本性清净，因何染污？使诸众生迷闷不入？唯愿如来广为我等开悟法性，令此大众及末世众生，作将来眼[⑦]。作是语已，五体投地。如是三请，终而复始。

尔时，世尊告净诸业障菩萨言：善哉！善哉！善男子！汝等乃能为诸大众及末世众生，谘问[⑧]如来如是方便。汝今谛听，当为汝说。时净诸业障菩萨奉教欢喜，及诸大众默然而听。

注释

①**不思议事**：或为理之深妙，或为事之稀奇，不可以心思之，不可以言议之。《增一阿含经》卷十八称："有四种不可思议事，非小乘所能知，云何为四？世界不可思议、众生不可思议、龙不可思议、佛土境界不可思议。"

②**行相**：心识各自固有之性能，谓之行相。心识以各自之性能，游行于境相之上，又行于所对境之相状，故名行相。《成唯识论述记》卷三本称："相者体也，即谓境相，行于境相，名为行相。或相谓相状，行境之相状，名为行相。或行境之行解相貌，然本但是行于相义，非是行解义。"

③**调御**：又称为调御师、调御丈夫等，佛的十号之一，一切众生犹如狂象恶马，佛如象马师而调御之。《无量义经》称："调御大调御，无诸放逸行，犹如象马师，能调无不调。"调御丈夫是梵文 purusadamyasarathi 的意译，善于说教并引导世间修行者，通往佛道。

④**劫**：梵文 kalpa 的音译劫波或劫簸之略，意谓极为久远的时节，源于婆罗门教，后被佛教采纳，佛教对

“劫”的说法不一，《释迦氏谱》称：“劫是何名？此云时也。若依西梵名曰劫波，此土译之名大时也，此一大时，其年无数。”一般分为大劫、中劫、小劫。谓世上人的寿命有增有减，每一增（人寿自十岁开始，每百年增一岁，增至八万四千岁）及一减（人寿自八万四千岁开始，每百年减一岁，减至十岁），各为一小劫，合一增一减为一中劫。一大劫包括成、住、坏、空四个时期，通称四劫。各包括二十中劫，即一大劫包括八十中劫。

⑤**功用**：即身、口、意之动作。

⑥**一念**：有二义：极其短促的时间；思念对境一次，称为一念。

⑦**作将来眼**：使此间众生证入，辗转传至末世；末世众生证入，辗转传至将来。如是辗转相传，乃至尽未来际，使最后际众生，永远不会迷闷不入。

⑧**谘问**：为了求得觉悟，所以要谘问，“谘”是谋的意思，因有所谋而问，称为谘问。

译文

于是，在广大徒众中的净诸业障菩萨，立即从座位上站起来，向佛足顶礼，向右绕三圈，长跪合掌，告诉佛说：大慈大悲的世尊啊！您为我们详细解说这些不可思议的法门，一切如来的因地行相，使各类广大徒众得到未曾有过的法益，看见调御师，经历过如恒河沙那样多劫的勤苦境界，一切功用，就像在一念之间，完全明白。我们这些菩萨，亲自感到深深的庆慰。世尊！假若这种觉性，本性是清净，因为什么受到染污呢？因为什么使各类众生迷惑纳闷而不能悟入呢？只希望如来详细为我们开示悟入诸佛之法性，使我们这些广大徒众和末法时期的有情众生，具有将来眼。讲完这些话以后，行五体投地礼。这样恳切地启请了三次，请求世尊教诲。

这时候，世尊告诉净诸业障菩萨说：好啊！好啊！善男子！你能够为广大徒众和末法时期的有情众生，询问如来这样的方便法门。现在，请你仔细听，我要为你解说。这时候，净诸业障菩萨听到佛要说法，非常高兴，在座大众也都默然聆听。

原典

善男子！一切众生从无始来，妄想执有我①、人②、众生及与寿命，认四颠倒③为实我体，由此便生憎、爱二境。于虚妄体重执虚妄，二妄相依，生妄业道④。有妄业故，妄见⑤流转，厌流转者，妄见涅槃。由此不能入清净觉。非觉违拒诸能入者，有诸能入，非觉入故。是故动念及与息念，皆归迷闷。何以故？由有无始本起无明，为己主宰。一切众生生无慧目，身心等性，皆是无明，譬如有人不自断命。是故当知，有爱我者，我与随顺，非随顺者，便生憎怨。为憎、爱心，养无明故，相续求道，皆不成就。

注释

①**我**：梵文 Atman 的意译。支配人和事物的主宰者，大体相当于灵魂。一般分人我、法我两种，有实在性、单一性、独自性和永恒不变性等含义，《大般涅槃经·哀叹品》称："若法是实、是真、是主、是依，性不变易，是名为我。"

②**人**：属于欲界的有情众生，思虑最多，过去戒善之因，感人伦之果，现前境界是人。《大乘义章》卷八末称："依涅槃，以多恩义，故名为人。人中父子亲戚相怜，名多恩义。"

③**四颠倒**：即地、水、火、风四大，其属性分别是坚、湿、暖、动，有情众生误认为身体的肌肉骨骼（地性）、血液内分泌（水性）、热能（火性）、呼吸（风性）等是"我"的实体。佛教认为：这是颠倒错误的认识，所以称为四颠倒。

④**业道**："业"是有为之业，"道"是无为之道。有为业是世间善业、恶业和上界的不动业，无为道是阿罗汉的无漏业。虽然存在有为、无为之别，但以佛眼观之，都是幻化虚妄境界，都是妄见。

⑤**妄见**：虚妄不实的分别称为妄见，如我见、边见等。

译文

善男子！一切有情众生从无始以来，由于妄想执着，认为有我、人、众生和寿命，误认为四颠倒实际上是我体，由此便产生憎恨、喜爱两种境界。于虚妄之体重新执着虚妄，两种虚妄相互依存，产生虚妄业道。因为有虚妄之业，虚妄见到轮回。厌恶轮回的人们，虚妄见到涅槃。由此流转、涅槃两种妄见，不能悟入清净觉性，并不是本来的觉性违逆抗拒悟道。假若认为有各种可以入道的途径，也不是觉性使之能入。所以动念与息念，都归于迷惑和纳闷。为什么呢？因为自无始以来的本起无明做了自己的主宰。一切有情众生，自有生命以来，就没有智慧眼睛，身、心等性都是无明。无明本身不能破无明，譬如有的人，自己不能了断自己的生命。所以，你们应当知道，有爱"我"的人，"我"就与之随顺，与

"我"不相随顺的人，便产生憎怨。因为这种憎恨、喜爱之心都是从无明而来。所以，在此相续循环中求道，都不能成功。

原典

善男子！云何我相？谓诸众生[①]心所证者。善男子！譬如有人，百骸调适，忽忘我身。四肢弦缓，摄养乖方，微加针艾，即知有我。是故证取方现我体。善男子！其心乃至证于如来，毕竟了知清净涅槃，皆是我相[②]。

善男子！云何人相[③]？谓诸众生心悟证者。善男子！悟有我者，不复认我，所悟非我，悟亦如是。悟已超过一切证者，悉为人相。善男子！其心乃至圆悟[④]涅槃，俱是我者，心存少悟，备殚证理，皆名人相。

善男子！云何众生相[⑤]？谓诸众生心[⑥]自证悟所不及者。善男子！譬如有人作如是言："我是众生。"则知彼人说众生者，非我非彼。云何非我？我是众生，则非是我。云何非彼？我是众生，非彼我故。善男子！但诸众生了证了悟，皆为我人，而我人相所不及者，存有所了，名众生相。

善男子！云何寿命相[⑦]？谓诸众生心照清净，觉所了者，一切业智[⑧]所不自见，犹如命根[⑨]。

善男子！若心照见[10]一切觉[11]者，皆为尘垢[12]，觉、所觉者，不离尘故，如汤消冰[13]，无别有冰[14]，知冰消者[15]？存我觉我[16]，亦复如是。

注释

①**众生**：据《圆觉亲闻记》，此中“众生”二字，不是指凡夫，而是指三圣：声闻、缘觉、菩萨。

②**我相**：意谓实我之相，谓众生于五蕴法中，妄计我、我所为实有。四相（我相、人相、众生相、寿者相）之一，执着四相者，不能成为菩萨。《金刚经》称：“若菩萨有我相、人相、众生相、寿者相，则非菩萨。”

③**人相**：四相之一，于五蕴法中（即色受想行识），计我为人，不同于其余五道：天、阿修罗、畜生、饿鬼、地狱。

④**圆悟**：意谓圆满觉悟佛教真理。天台宗的圆教主张三谛三观圆融，同时觉悟空、假、中的谛理。

⑤**众生相**：比我相、人相更进一步，虽然已经超过了我相、人相，但仍然存在了证了悟之相，这就称为众生相。

⑥**众生心**：一切众生所有之心，分真、妄二种，华严宗以真心为大乘之体，即如来藏心。天台宗以妄心为

大乘之法体，唯识宗以阿赖耶识为心。

⑦**寿命相**：比我相、人相、众生相又前进一步，虽然已经超过证悟之心，仍存能觉之智，就像命根一样潜续于内，这就称为寿命相。

⑧**业智**：即业识，是第八识上微细分别之念，为什么不称为识而称为智呢？因为这属于修证，反妄归真，转有漏识，成无漏智。这种微细分别，是从本识上生起，所以不能自见。虽然不能自见，却常在其中潜续，就像命根一样。

⑨**命根**：梵文jivitendriya的意译，小乘佛教中的说一切有部和大乘佛教中的唯识宗所说的心不相应行法之一。因过去世之业而引起今生维持寿命的依据，《大乘广五蕴论》称："云何命根？谓于众同分，先业所引，住时分限为性。"

⑩**心照见**：此指后一相：寿命相。

⑪**一切觉**：此指前三相：我相、人相、众生相。

⑫**皆为尘垢**：尘垢是烦恼的异名。因为我相、人相、众生相、寿命相都是迷智之妄境，所以称为尘垢。

⑬**如汤消冰**：汤喻智照，以火煎水而成汤，比喻正念悟心而成智，冰比喻我执，因为寒冷，凝水而成冰，比喻妄念迷心而成执着。用汤消冰，比喻以智慧断除执着。

⑭无别有冰：意谓冰既然已经消融，不可能另外有冰，以此比喻说明：执着已经断除，不可能另有执着。

⑮知冰消者：冰消以后，汤亦不存，意谓冰因汤消而成水，此汤随冰消也成水。到这时候，冰、汤俱忘，只有清水，还有谁知道冰为汤所消呢？以此说明尘垢染污净心，经过修行，执空智泯，能、所双忘，只有清净真心，此时谁能够知道我执为智所断呢？

⑯存我觉我：即能觉之我和所觉之我，能觉、所觉互泯，则尘垢烦恼全消，只有真心。

译文

善男子！什么是我相呢？即各类众生，其心所证。善男子！假若有人，隐居深山，心绝万虑，感觉调和顺适，不觉得有自己的身体存在。直到两臂两腿直不能屈，软不能伸，这是因摄护调养身体不得方法所致。略用针刺，或少用艾灸，立即知道有“我”。所以，心中有所证有所取，才显现出“我”之体。善男子！其心乃至证于如来的境界，终究了知清净的涅槃，这仍然是我相。

善男子！什么是人相呢？各类众生的证悟之心就是人相。善男子！认为有我（五蕴）的人们，不认为彼（指圆觉之真心）就是我。实际上，所悟之境相并不是实我，能悟之心也不是实我。这种人认为自己已经觉悟了，已经超过一切贤圣，这就是人相。善男子！其心乃至于圆满证悟涅槃，哪怕是有一点点“我已成佛”的念头，就是我相。心中有很少的一点已经悟道的心理，对般若、唯识等佛教道理无所不通，这些都称为人相。

善男子！什么是众生相呢？众生相就是各类众生心自证悟，虽已超出我人之相，但尚存有了证悟之心，就是众生相。善男子！譬如有人说：“我是众生。”由此可知，那个人所说的众生，不是我，也不是他。为什么不是我呢？我虽然是众生的一分子，但是众生不是我。为什么不是他呢？我虽然是众生的一分子，但他并不是我。善男子！如果各类众生认为自己有所证有所悟，都是我相人相，如果是自以为达到我相、人相所不及的境界，存在一丝一毫了悟的念头，这就是众生相。

什么是寿命相呢？就是众生心照到清净境界，觉悟到妄念都没有了，一切众生由其业力所产生的智慧，看不见这样的境界，就像命根是看不见一样。

善男子！如果你能够照见一切皆空，这一念之觉，都是尘垢，能觉和所觉，都不离尘垢，就如以热汤消融冰一样，冰已消融，不可能另外有冰，谁知道冰为汤所消呢？能觉之我和所觉之我，也是这样。

原典

善男子！末世众生不了四相[①]，虽经多劫勤苦修道[②]，终不能成一切圣果[③]，是故名为正法[④]末世。何以故？认一切“我”为涅槃故，有证有悟名成就故。譬如有人认贼为子，其家财宝，终不成就。何以故？有爱“我”者，亦爱涅槃，伏“我”爱根[⑤]，为涅槃相。有憎“我”者，亦憎生死，不知爱者根生死故。别憎生死，名不解脱。

云何当知法[⑥]不解脱？善男子！彼末世众生习菩提者，以己微证[⑦]，为自清净[⑧]，犹未能尽我相根本[⑨]。若复有人赞叹彼法，即生欢喜，便欲济度[⑩]。若复诽谤彼所得者，便生嗔恨。则知我相坚固执持，潜伏藏识[⑪]，游戏诸根[⑫]，曾不间断[⑬]。

善男子！彼修道者不除我相，是故不能入清净觉[⑭]。善男子！若知我空，无毁我者。有我说法，我未断故。众生、寿命，亦复如是[⑮]。

注释

①四相：即前文所说的我相、人相、众生相、寿者相。

②修道：行位三道之一。声闻乘自一来向至阿罗汉

向，究竟断三界修惑之位。大乘中，自初地住心至十地菩萨断除俱生起之烦恼、所知二障之位。于见道照见真谛以后，进一步修习真观，所以称为修道。

③**圣果**：菩提涅槃是依圣道所得之果，所以称为圣果。

④**正法**：意谓真正道法，三宝（佛、法、僧）中的法宝，以教、理、行、果为体，是理无偏邪的道法，所以称为正法。

⑤**爱根**：爱欲是烦恼的根本，能够产生其他烦恼，所以称为爱根。

⑥**法**：梵文 Dharma 的意译，音译达磨、达摩等。有二解：一、佛法；二、泛指一切事物或现象。此中用第二解。

⑦**微证**：据谛闲著《大方广圆觉修多罗了义经讲义》卷下，微证即“我相中证，人相中悟，生相中了，寿相中净。皆有分证之相，称之曰微”。

⑧**自清净**：谛闲著《大方广圆觉修多罗了义经讲义》卷下称：“然证则自计蕴净，悟则自计我净，了则自计人净，觉则自计生净，故云为自清净。”

⑨**犹未能尽我相根本**：一切业智就是我相根本，故称“犹未能尽”。既然已经微证为自清净，这就是法相。虽然是法相，仍然没有脱离我相根本。

⑩便欲济度：意谓方便开示，济其怠惰，度令精勤，使其修行佛法。

⑪藏识：即第八识阿赖耶识，阿赖耶识像一座奇异的仓库，里面储藏着很多种子，阿赖耶识是能藏，种子是所藏。第七识末那识妄执第八识为“我”，阿赖耶识藏此我执，此称执藏。

⑫诸根：此指眼、耳、鼻、舌、身、意六根。

⑬曾不间断：第七识末那识总是起思量作用，总是妄执第八识阿赖耶识为“我”，永不间断。

⑭是故不能入清净觉：末法时期的修道者，必须断除我相。假若不除我相，则证悟了觉，不离我相、人相、众生相、寿生相，所以不能入清净觉。

⑮众生、寿命，亦复如是：达到我空以后，人相、众生相、寿者相一齐俱空。这样，就能证悟了觉，而入清净觉。

译文

善男子！末法时期的有情众生，不明了四相，虽然经过多生多世勤奋艰苦的修道，终究不能成就一切神圣果报，所以称为佛法的末法时期。为什么呢？因为人们总是以“我”为涅槃，把有证有悟称为成就。譬如有的人认贼为子，他家的财富和宝贝终究不能成就。为什么呢？爱“我”的人们，也爱涅槃，只是压伏爱根，以此为涅槃之相。有的憎恨“我”的人们，也憎恨生死，因为他们不知道爱是真正的生死根本。特别憎恨生死，这就称为不解脱。

怎样才能知道“法”的不解脱呢？善男子！末法时期的有情众生，那些修习菩提的人们，以自己的稍微证悟，自以为是清净，还没有能够断尽我相的根本。假若有人赞美他所证得的佛法，就心生欢喜，就想度化他人。如果有人诽谤他学得的佛法，便生憎恨。由此可知，他们顽固坚持我相，潜伏在第八识阿赖耶识之中，致使六根动作，随于相应六境，任运我执，从来就没有间断。

善男子！那些学佛修道的人们，不除我相，就不能入清净觉海。善男子！假若证知我空，当然是闻毁而不嗔。如果是自以为在说法，就是我相没有断除。众生相和寿命相，也是这样。

原典

善男子！末世众生说病为法[①]，是故名为可怜悯者。虽勤精进[②]，增益诸病，是故不能入清净觉。

善男子！末世众生不了四相，以如来解及所行处，为自修行，终不成就。或有众生，未得谓得[3]，未证谓证[4]。见胜进者，心生嫉妒[5]。由彼众生未断我爱，是故不能入清净觉。

善男子！末世众生希望成道[6]，无令求悟，唯益多闻[7]，增长我见[8]。但当精进降伏烦恼，起大勇猛[9]。未得令得，未断令断。贪、嗔、爱[10]、慢[11]、谄曲[12]、嫉妒，对境不生。彼我恩爱，一切寂灭。佛说是人渐次成就，求善知识[13]，不堕邪见。若有所求，别生憎爱，则不能入清净觉海[14]。

注释

①**末世众生说病为法**：末法时期的有情众生，不了解我相、人相、众生相、寿者相，为度众生而说自己所得法。实际上他们所说是病，并非正法。他们所证之相，便是我相，若有所悟境界显露，便是人相，说了说觉，便是众生、寿者二相。因此四相，所以是“说病为法”。

②**精进**：梵文 Virya 的意译，另译为“勤”，音译毗梨耶。小乘佛教说一切有部七十五法、大乘唯识百法之一，作为六度之一，称为精进波罗蜜。按照佛教教义，在修善断恶、去染转净的修行过程中，不懈怠地努力。《百法明门论忠疏》称：“云何精进？于善恶品修断事中，

勇悍为性，能治懈怠、满善为业。‘勇’表胜进，拣诸染法；‘悍’表精纯，拣净无记。即显精进，唯善性摄。”

③**未得谓得**：此约涅槃断果而说，这些人刚断迷识四相，才离分段生死，相似涅槃，实际上没得涅槃，自以为已得。

④**未证谓证**：此约菩提智果而说，某些人刚断我执烦恼，才证偏真觉性，与菩提相似，但实际上还没有证得圆满菩提，自以为已经证得。

⑤**嫉妒**：简称为嫉，梵文 irsya 的意译，小乘佛教说一切有部的小烦恼地法之一，大乘唯识的随烦恼之一。对于别人的成功产生嫉妒的心理。《大乘广五蕴论》称："云何嫉？谓于他盛事，心妒为性。为名利故，于他盛事，不堪忍耐，妒嫉心生，自住忧苦所依为业。"

⑥**成道**：原为化佛八相中之第六相，于菩提树下金刚座上成无上菩提之相。后泛指成就佛道。

⑦**多闻**：多闻佛法而受持，《维摩经·菩萨品》称："多闻是道场，如闻是行故。"

⑧**我见**：梵文 Satkāyadarśana 的意译，另译身见，音译萨迦耶见。认为"我"及"我所"都是真实存在的观点。《大乘广五蕴论》称："云何萨迦耶见？谓于五取蕴随执为我，或为我所，染慧为性。‘萨’为败坏义，‘迦耶’谓和合积聚义……无常、积聚，是中无我及我所故。

染慧者，谓烦恼俱，一切见品所依为业。”

⑨**勇猛**：“勇”谓进修不退，“猛”谓冒难不屈。

⑩**爱**：意谓贪物、染着，十二因缘之一。有三种爱：境界爱，临终时，对于眷属、家财等的爱着之心；自体爱，临终时，对于自己身体的爱着之心；当生爱，临终时，对于当来生处的爱着之心。

⑪**慢**：梵文 Māna 的意译，小乘佛教说一切有部的不定地法之一，大乘唯识的烦恼法之一。意谓傲慢自负。一般来讲有七慢：(一) 慢，对劣于己者或等于己者，认为自己胜、自己等，自负傲慢；(二) 过慢，对与己等者说自己胜，对比自己胜者说自己等；(三) 慢过慢，对比己胜者说自己胜；(四) 我慢，不认识“我”是色、受、想、行、识五蕴暂时和合而成，误认为有实我、我所；(五) 增上慢，尚未修行证得果位，自以为已经证得；(六) 卑慢，认为和胜过自己很多的人差不多；(七) 邪慢，自己没有功德，却认为自己有功德。

⑫**谄曲**：简称为谄，梵文 Māyā 的意译，小乘佛教说一切有部小烦恼地法之一，大乘唯识宗的随烦恼之一。为了名利，歪曲事实，掩饰自己的过错。《大乘广五蕴论》称：“云何谄？谓矫设方便，隐己过恶，心曲为性。谓于名利，有所计着，是贪、痴分，障正教诲为业。”

⑬**善知识**：“善”意谓于我有益，使之行于善道。“知

识”意谓知其心识。有十种善知识：(一) 令住于菩提心之善知识；(二) 令生善根之善知识；(三) 令行诸波罗蜜之善知识；(四) 令解说一切法之善知识；(五) 令成熟一切众生之善知识；(六) 令得决定辩才之善知识；(七) 令不着一切世间之善知识；(八) 令于一切劫修行无厌倦之善知识；(九) 令安住于普贤行之善知识；(十) 令入一切佛智所入之善知识。

⑭**清净觉海：**海出众流，流流入海，以此比喻大觉心，出生一切诸法，教化众生，成就大圆觉心。如首章所说大陀罗尼门，称为圆觉，从此流出一切，所以此处取喻如海。

译文

善男子！末法时期的有情众生，把似病态般的非法说为正法，所以称为可怜悯者。虽然勤奋努力，反而增加各种病态的非法，所以不能入清净觉。

善男子！末法时期的有情众生，因为不了知四相，虽依佛所说之理而解，依佛所说之行而修，便执为自己修行，终究不能成功。或者有的众生，还没有达到涅槃，自以为已经达到涅槃；没有证得菩提，自以为证得菩提。假若见到有胜于己者，更精进者，则心生嫉妒。由此可见，那些众生还没有断除我见，所以不能入清净觉。

善男子！末法时期的有情众生，希望成就佛道，但却广求经教义理，只是增加多闻，这样，反而增长我见。应当是勤奋努力，降伏烦恼，发起伟大的勇猛之心。还没有得到涅槃，使其得到；还没有断除无明，使之断除。贪、嗔、爱、慢、谄曲、嫉妒，境界现前而不生起。由"我"所生的一切恩爱，都趋寂灭。佛告诉净诸业障菩萨说：这种人还要继续逐渐取得成功，须求善知识开导指示。只有这样，才不至于堕入邪见。假若有所追求，就会产生憎心或爱心。这样，就不能悟入清净觉海。

原典

尔时，世尊欲重宣此义而说偈言：

净业汝当知，一切诸众生，
皆由执我爱，无始妄流转。
未除四种相，不得成菩提。
爱憎生于心，谄曲存诸念。
是故多迷闷，不能入觉城[①]。
若能归吾刹[②]，先去贪嗔痴。
法爱[③]不存心，渐次可成就。
我身本不有，憎爱何由生？

此人求善友，终不堕邪见。

所求别生心，究竟非成就。

注释

①**觉城**：觉悟之内，不入一切众惑，所以比喻为城。据谛闲著《圆觉经讲义》，把觉比喻为城，有二义：途中多迷，进城则觉。以此比喻证得圆觉以后，如从矿炼出金一样，不可能再次变为矿；门通行路，出则可行。以此比喻既然已经证得圆觉，仍要普度众生，随方可达。

②**归吾刹**：归即顺，吾刹即所悟之境。所以“归吾刹”意谓归顺所悟之境。以圆觉妙心为所悟之境。

③**法爱**：爱有二种：第一种是欲爱，这是凡夫所有的爱着；第二是法爱。菩萨和佛爱乐善法。法爱又分为二种：(一) 小乘佛教只爱涅槃，大乘菩萨没有断法执以前，热爱善法，这种法爱应当断除；(二) 如来大悲。也称为法爱，这是无上的真爱。

译文

这时候，世尊为了重新宣讲这个意思，而说如下偈颂：

净诸业障菩萨！你应当知道：所有的各类众生，都是因为执着我爱之相，自无始以来，在虚妄的生死轮回中流转。没能消除我相、人相、众生相、寿者相，所以不能成就菩提。贪爱和憎恨都产生于心，谄曲存在于各种心念，所以产生了很多迷闷，不能进入觉悟之城。假若能够归依我们清净庄严的佛土，首先去除贪、嗔、痴三毒，令法爱不存于内心，则逐渐可得成就。因其身本来没有我，憎恨之心和贪爱之心从何而生呢？这种人求善知识指导，终究不会堕入邪见，若存有所求之心，则就永远不能成佛。

10 普觉章

原典

于是，普觉菩萨在大众中，即从座起，顶礼佛足，右绕三匝，长跪叉手而白佛言：大悲世尊！快说禅病[①]，令诸大众得未曾有[②]，心意荡然，获大安隐[③]。世尊！末世众生，去佛渐远，贤圣[④]隐伏，邪法[⑤]增炽，使诸众生求何等人？依何等法？行何等行？除去何病？云何发心？令彼群盲，不堕邪见。作是语已，五体投地。如是三请，终而复始。

尔时，世尊告普觉菩萨言：善哉！善哉！善男子！汝等乃能谘问如来如是修行，能施末世一切众生无畏道眼[⑥]，令彼众生得成圣道，汝今谛听！当为汝说。时普觉菩萨奉教欢喜，及诸大众默然而听。

注释

①**禅病**：即一切妄念。妄念是禅定的病魔，《圆觉经》把听佛说我相、人相、众生相、寿者相之过，称为禅病。

②**未曾有**：梵文 Adbhuta 的意译，音译阿浮陀。意谓稀有罕见之事，表明意想不到的成果。

③**安隐**：又称为安稳。意谓身安心稳，《法华文句》卷十四称："不为五浊八苦所危，故名安。曰倒暴风所不能动，故名稳。"

④**贤圣**："贤"为善意，"圣"为正意。符合善法，虽离恶，但没有发无漏智，没有证理，没有断惑，仍在凡夫之位，这称为贤。已发无漏智，已经证理断惑，已舍凡夫之性，这称之为圣。见道前七方便位称之为贤，见道以上名为圣。《大乘义章》卷十七本称："和善曰贤，会正命圣，正谓理也，理无偏邪，故说为正，证理舍凡，说为圣矣……就位分别，见谛已前调心离恶，名之为贤，见谛已上会正名圣。故《仁王经》中，地前并名为三贤，地上菩萨说为十圣。"

⑤**邪法**：错误的教法。

⑥**道眼**：修道而得之眼，也可以是观道之眼。

译文

于是，在广大徒众中普觉菩萨，立即从座位上站起来，向佛足顶礼，向右绕三圈，长跪合掌而对佛说：大慈大悲的世尊啊！请您赶快讲一讲禅病问题，使各位大众获得从来没有的成果，使其心意空空荡荡，得到很大的安稳。世尊啊！末法时期的有情众生，离佛越来越远，贤人和圣人，或潜身于岩谷，或伏藏于海隅。邪法增盛，如火炽燃，要让各类众生求什么人呢？依据什么法呢？修何等行呢？除去什么病呢？如何发心呢？使那群慧眼未开的众生，不至于堕入邪见。这样讲完以后，行五体投地礼。这样诚恳地启请了三次，请求世尊教诲。

这时候，世尊告诉普觉菩萨说：好啊！好啊！善男子！你能够询问如何成就佛道的修行方法，能够给予末法时期的有情众生无畏道眼，使那些众生得成圣道，你现在要仔细听，我要为你说。普觉菩萨听到佛要说法，非常高兴，在座大众也都默然聆听。

原典

善男子！末世众生将发大心，求善知识，欲修行者，当求一切正知见[①]人，心不住相，不着声闻、缘觉境界，虽现尘劳，心恒清净，示有诸过，赞叹梵行，不令众生入不律仪[②]，求如是人，即得成就阿耨多罗三藐三菩提[③]。末世众生，见如是人，应当供养，不惜身命[④]。彼善知识，四威仪[⑤]中，常现清净，乃至示现种种过患，心无憍慢[⑥]，况复抟财妻子眷属。若善男子于彼善友，不起恶念，即能究竟成就正觉[⑦]，心华[⑧]发明，照十方刹。

注释

①正知见：即正知、正见，正知意谓正确知道。正见是正确见解，属于见道，证得菩提以后，不只见世间法，也见出世间法。

②不律仪：三种律仪之一，不律仪属于恶戒。戒律有善、恶二种，作善止恶是善戒，称为律仪。作恶止善是恶戒，称为不律仪。不律仪是外道的各种邪戒。恶戒虽然属于戒律，但这是颠倒的戒律，所以称为不律仪。律仪产生善的无表色，不律仪产生恶的无表色。

③阿耨多罗三藐三菩提：梵文 Anuttarasamyaksa－mbodhi 的音译，略称阿耨三菩提，意译无上正等正觉、无上正遍知、无上正遍觉等。能够觉知佛教的一切真理，并能如实了知一切事物，从而达到无所不知的一种智慧。这种智慧唯佛具有，又称为大菩提。《维摩诘经·佛国

品》僧肇注："'阿耨多罗'，秦言无上，'三藐三菩提'，秦言正遍知。道莫之大，无上也。其道真正，无法不知，正遍知也。"

④**身命**：身体和寿命的合称，身体以地、水、火、风四大为体，命以寿、暖、识为体。

⑤**四威仪**：符合佛教戒律的行、住、坐、卧四种威仪。

⑥**憍慢**：烦恼之一，意谓傲慢，《大乘义章》卷五末称："自举凌物，称曰憍慢。"《俱舍论》卷四称："慢对他心举，憍由染自法，心高无所顾。"

⑦**正觉**：梵文 Sambodhi 的意译，音译三菩提。如来的实智称为正觉。是一切事物的真正觉智，所以成佛称为正觉。

⑧**心华**：把本心的清净比喻为花。

译文

善男子！末法时期的有情众生，将要发大心的时候，应当求善知识的指引，想修行的人们，应当求得一切正知见人的帮助，这些有正知见的人其心不安住于相，不执着声闻、缘觉境界，虽然体现在尘劳烦恼之中，其心却永远是清净的。能为众生开示各种修行的过失，赞叹梵行，不使众生入不律仪。若能求得这种善知识的帮助，就可以成就阿耨多罗三藐三菩提。末法时期的有情众生，见到这样的善知识，应当供养，牺牲生命，在所不惜。这样的善知识，在四威仪当中，永远是清净的，乃至能示现种种修行的过患。其心甚至常无憍慢，哪里会搏取财物妻子及眷属呢？假若善男子对于那种好朋友，不生起恶念，就能够究竟成就正觉，智慧心花发大光明，照耀十方刹土。

原典

善男子！彼善知识所证妙法[①]，应离四病。云何四病？

一者作病。若复有人作如是言："我于本心[②]作种种行，欲求圆觉。"彼圆觉性，非作得故，说名为病。

二者任病。若复有人作如是言："我等今者，不断生死，不求涅槃。涅槃、生死，无起灭念，任彼一切随诸法性，欲求涅槃。"彼圆觉性，非任有故，说名为病。

三者止[③]病。若复有人作如是言："我今自心永息诸念，得一切性寂然平等，欲求涅槃。"彼圆觉性，非止合故，说名为病。

四者灭病。若复有人作如是言："我今永断一切烦恼，身心毕竟空无所有④，何况根、尘虚妄境界？一切永寂，欲求圆觉。”彼圆觉性，非寂相故，说名为病。

离四病者，则知清净。作是观者，名为正观⑤。若他观者，名为邪观⑥。

注释

①**妙法**：梵文 Sadharma 的意译，音译萨达磨、萨达剌摩。最胜之法不可思议，所以称为妙法。根据《圆觉经》的解释，妙法应当远离四病，妙法即圆觉，因为它包罗法界，涉入无碍，不堕邪见，所以称为妙法。

②**本心**：意谓本源自心，《顿悟入道要门论》卷上称：“问：其心似何物？答：其心不青不黄不赤不白，不长不短，不去不来，非垢非净，不生不灭，湛然常寂，此是本心形相也。亦是本身，本身者，即佛身也。”

③**止**：梵文 Samatha 的意译，另译止寂，音译奢摩他。禅定的异名，往往与“观”相应而言，为有“观”之“定”。

④**身心毕竟空无所有**：身心受报，都是由于烦恼，此中断之，使不再生。既然是烦恼永断，则不起惑，无惑则无业，无业就不会有身心受报，所以说身心毕竟空无所有。

⑤**正观**：对于邪观而言，观与经合，则称为正见，即正观。

⑥**邪观**：对于正观而言，违背佛经的正确观点，称为邪观。

译文

善男子！那种善知识所证悟的妙法，应当离开四种毛病。哪四种毛病呢？

第一种是作病。假若有人说这样的话："我于本心造作种种修行，这是为了求得圆觉。"那种圆觉性，并不是由于造作而得，所以称为毛病。

第二种是任病。假若又有人说这样的话："我们这些人今世不断生死，不求涅槃，对于涅槃和生死没有生起和消灭的念头，这是为了求得圆觉。所以要任其自然地，让一切事物都随顺其法性。"那种圆觉性，并不是任其自然而有，所以称为毛病。

第三种是止病。假若又有人说这样的话："我现在使自己的心永远息灭各种念头，使一切物性寂然平等，这是为了求得圆觉。"那种圆觉性并不是止念求合，所以称为毛病。

第四种是灭病。假若又有人说这样的话："我现在要永远断除一切烦恼，身心毕竟是空而无所有，更何况根、尘是虚妄境界呢？一切都是永恒寂灭，这是为了求得圆觉。”所种圆觉性并不是寂灭之相，所以称为毛病。

如果离开这四种毛病，才真正知道自性本来清净。这样看问题，才是正确观点。用其他观点看问题，都称为邪观。

原典

善男子！末世众生，欲修行者，应当尽命供养善友①，事善知识。彼善知识欲来亲近，应断憍慢。若复远离，应断嗔恨。现逆顺境，犹如虚空，了知身心毕竟平等，与诸众生同体②无异。如是修行，方入圆觉。

注释

①**善友**：帮助行善的好朋友。

②**同体**：如波之于水，如四肢之于一身，此称同体，没有区别。

译文

善男子！末法时期的有情众生，如果想修行的话，应当是终生供养善友，侍奉善知识。善知识想来亲近教授的话，你应当断除憍慢心。如果善知识远离你，也不应当发怒仇恨，应当把善知识示现的顺境、逆境视为虚空，自己明白知道身心都是毕竟空的，与诸众生毫无差别。这样修行，才能进入圆觉境界。

原典

善男子！末世众生，不得成道，由有无始自、他、憎、爱一切种子①，故未解脱。若复有人，观彼怨家，如己父母，心无有二，即除诸病。于诸法中，自、他、憎、爱，亦复如是。

注释

①**种子：**梵文 Biza 的意译，第八识阿赖耶识中产生各种事物的功能，称为种子。种子的来源有二：一是本有，二是新熏。产生山河大地等客观外境的种子，称为共相种子，决定个体自性差别的种子，叫作不共相种子。

译文

善男子！末法时期的有情众生，不能成就佛道，因为他们存在着有无始以来的自、他、憎、爱一切种子，所以没有得到解脱。假若又有人，对待自己的怨家就如自己的父母一样，其心对之没有区别。这样，就能消除各种毛病。在各种事物中的自、他、憎、爱，也是这样。

原典

善男子！末世众生，欲求圆觉，应当发心[1]，作如是言："尽一切虚空，一切众生，我皆令入究竟圆觉。"于圆觉中，无取觉者，除彼我相、一切诸相。如是发心，不堕邪见。

注释

①**应当发心**：佛告诉普觉菩萨：末法时期的有情众生，要想求得圆觉，应当发四种心：一者广大心，对一切众生平等普度；二者第一心，使众生悟入究竟圆觉；三者常心，常度众生，不能存有度众生之心；四者不颠倒心，破除你我之相，也破除一切事物的各种外相。

译文

善男子！末法时期的有情众生，要想求得圆觉，应当发心，立下如此的大愿：“在整个虚空当中的一切众生，我都要让他们悟入究竟圆觉。”在圆觉当中，不能存有我在度众生之心。没有你我之相，也没有一切事物的各种外相。这样发心，不会堕入邪见。

原典

尔时，世尊欲重宣此义，而说偈言：

欲求善知识，应当求正见①，
心远二乘者，法中除四病，
谓作任止灭，亲近无憍慢，
远离无嗔恨，见种种境界，
心当生稀有，还如佛出世，
不犯非律仪，戒根永清净。
度一切众生，究竟入圆觉。
无彼我人相，当依正智慧，
便得超邪见，证觉般涅槃②。

注释

①**正见**：梵文 Samyakdrsti 的意译，八正道之一，意谓对四谛等佛教真理的正确见解。

②**般涅槃**：大般涅槃之略。原来指吹灭，或表吹灭

之状态；其后转指燃烧烦恼之火灭尽，完成悟智之境地。此乃超越生死之悟界，亦为佛教终极之实践目的。

译文

这时候，世尊为了重新宣讲这个意思，而说如下偈颂：

普觉菩萨！你应当知道，末法时期的有情众生，为了求得善知识的指引，应当求具有正知正见的人。其心要远离声闻、缘觉二乘之人。善知识所教的法门，应当消除四病，即作病、任病、止病、灭病。善知识亲近你，你心中应当是没有骄慢；善知识远离你，你心中应当是没有嗔恨。见到善知识示现的种种顺境和逆境，心中应当生起难得之想。视善知识如出世之佛。不犯戒律，仪表庄严，内心戒根永远清净。度一切众生，使之悟入究竟圆觉，没有我相、人相，应当依正智慧，破除邪见，最后证得般涅槃的圆觉境界。

11　圆觉章

原典

于是，圆觉菩萨在大众中，即从座起，顶礼佛足，右绕三匝，长跪叉手而白佛言：大悲世尊！为我等辈广说净觉种种方便，令末世众生，有大增益[①]。世尊！我等今者已得开悟，若佛灭后，末世众生未得悟者，云何安居[②]？修此圆觉清净境界？此圆觉中，三种净观[③]，以何为首？唯愿大悲，为诸大众及末世众生，施大饶益。作是语已，五体投地。如是三请，终而复始。

尔时，世尊告圆觉菩萨言：善哉！善哉！善男子！汝等乃能问于如来如是方便[④]，以大饶益施诸众生[⑤]，汝今谛听，当为汝说。时圆觉菩萨奉教欢喜，及诸大众默然而听。

注释

①**增益**：根据密宗的解释，增益是四种坛法之一，为了增益福德，祈念南方宝部诸尊。这里是一般用法，即为众生增加利益。

②**安居**：梵文 Varsa 的意译，又称为坐夏、坐腊等，印度僧侣，在雨期的三个月时间内，禁止外出，致力于坐禅修学，此称安居。分前、中、后三期，始于四月十六日者为前安居，始于五月十六日者为后安居，始于中间者为中安居。这里是一般用法，意谓安居乐业。

③**三种净观**：净观意谓清净观法。三种净观即修止、修观、修禅。

④**如是方便**：简略来说有二种：一者通相方便，指修习圆觉的通方便；二者别相方便，指三种净观的别方便。

⑤**以大饶益施诸众生**：通过别相方便，则修止、修观、修禅成立；通过通相方便，则圆觉可证。

译文

于是，在广大徒众中的圆觉菩萨，立即从座位上站起来，向佛足顶礼，向佛右绕三圈，长跪合掌而对佛说：大慈大悲的世尊！您为我们详细解说得到净觉的种种方便法门，使末法时期的有情众生，得到最大的利益。世尊！我们现在已经开悟，佛灭以后，末法时期的有情众生还没有开悟的人们，怎样安居？如何修此圆觉清净境界？在此圆觉当中，三种净观，先修哪一种呢？只愿大慈大悲的世尊，为各位大众及末法时期的有情众生作指示，使他们得到大的利益。这样讲过以后，向佛施五体投地礼。这样诚恳地启请了三次，请求世尊教诲。

这时候，世尊告诉圆觉菩萨说：好啊！好啊！善男子！你能够向如来询问这样的方便法门，帮助各类众生得到大的利益。你仔细听，我要为你说。当圆觉菩萨听到佛要说法的时候，非常高兴，在座的大众也都默然聆听。

原典

善男子！若佛住世，若佛灭后，若法末时，有诸众生具大乘性，信佛秘密大圆觉心，欲修行者，若在伽蓝[①]，安居徒众，有缘事故，随分思察，如我已说[②]。

若复无有他事因缘[③]，即建道场[④]，当立期限。若立长期，百二十日，中期百日，下期八十日，安置净居[⑤]。

注释

①**伽蓝**：全称僧伽蓝，梵文 Sangharama 的音译，另译僧伽罗摩，意译众园、僧园、僧院等，原指修建僧舍的住地，后转化为包括土地、建筑物在内的寺院总称。

②**如我已说**：指《普眼章》所说的妄尽还净、随顺还圆等。

③**因缘**：梵文 Hetupratyaya 的意译，因和缘的合称，因是使事物得以产生的内部主要原因，缘是使事物得以产生的外部辅助条件。

④**道场**：梵文 Bodhimanda 的意译，音译菩提曼拏罗。原谓佛成道之所，后演变为修行学道之处，隋大业九年，隋炀帝下诏，全国寺院改名为道场。

⑤**净居**：于道场内安置修净之居，如结戒坛等。

译文

善男子！一切有情众生，或者佛在世的时候（正法时期），或者佛涅槃以后（像法时期），或者在末法时期，具有大乘根性的各类众生，相信佛的秘密大圆觉心，有想修行的人，假若在伽蓝，和广大徒众共同安居修行的话，因有种种外缘，所以各随其能力、因缘，进行思惟体察，如我已经说过的那样。

假若没有其他的外缘事务，即可修建道场，应当立个期限。若立长期的话，应是一百二十天，中期一百天，短期八十天。住下来修行用功，以求证果。

原典

若佛现在，当正思惟。若佛灭后，施设形像，心存目想，生正忆念，还同如来常住之日，悬诸幡花[①]，经三七日，稽首[②]十方诸佛名字，求哀忏悔[③]，遇善境界，得心轻安，过三七日，一向[④]摄念。

若经夏首[⑤]，三月安居，当为清净[⑥]菩萨止住，心离声闻，不假徒众。

至安居日，即于佛前作如是言："我比丘[⑦]、比丘尼[⑧]、优婆塞[⑨]、优婆夷[⑩]某甲，踞菩萨乘[⑪]，修寂灭行，同入清净实相住持，以大圆觉为我伽蓝，身心安居平等性智[⑫]，涅槃自性无系属故，今我敬请不依声闻，当与十方如来及大菩萨三月安居，为修菩萨无上妙觉[⑬]大因缘故，不系徒众。"

善男子！此名菩萨示现安居，过三期日，随往无碍[⑭]。

注释

①**悬诸幡花**：即香、花、灯、水、果、茶、食、宝、珠、衣十种供养。

②**稽首**：佛教的最高礼节，用自己最高贵的头，向对方最卑下的足顶礼。

③**忏悔**：忏是梵文 ksama 音译忏摩之略，悔是其意译，合称忏悔。佛教规定：出家人每半月集合举行诵戒，给犯戒者以说过悔改的机会。

④**一向**：意向于一处，没有其余的杂念，没有散乱之心。

⑤**夏首**：结夏安居的第一天，即四月十六日。

⑥**清净**：有二：心性清净。这是对菩萨而言；境界清净。这是对声闻而说。

⑦**比丘**：梵文 Bhiksu 的音译，另译苾刍、烂刍、备刍、比呼等，意译乞士、乞士男、熏士等。佛教称谓，指出家后受过具足戒的男僧。据《大智度论》卷三，比丘有五个意义：乞士（靠乞食为生）、破烦恼、出家人、净持戒、怖魔。

⑧**比丘尼**：梵文 Bhiksuni 的音译，另译苾刍尼、烂刍尼、比呼尼等，意谓乞士女、除女、熏女等。又称为

沙门尼、比丘尼。佛教称谓，指受过具足戒的女众出家人。

⑨**优婆塞：**梵文 Upasaka 的音译，另译为乌波索迦、优婆娑迦、伊蒲塞，意译清信士、近事男、近善男等。佛教称谓，指亲近归依三宝、接受五戒的在家男居士。

⑩**优婆夷：**梵文 Upasika 的音译，另译优婆斯、邬婆斯迦，意译近事女、近善女、近宿女、信女、清信女等。佛教称谓，指接受五戒的在家女居士。

⑪**菩萨乘：**五乘（人乘、天乘、声闻乘、缘觉乘、菩萨乘）之一，修六度，圆满自利、利他二行，而到佛果的教乘。

⑫**平等性智：**如来四智（大圆镜智、平等性智、妙观察智、成所作智）之一，经过修行，转第七识末那识而成平等性智，以此证悟自、他平等之理，成为大慈大悲特别是同体大悲的理论根据。

⑬**妙觉：**自觉觉他，觉行圆满而不可思议，此称妙觉。妙觉即佛果的无上正觉。小乘佛教的声闻、缘觉二乘只是自觉，而无觉他。菩萨虽然自觉、觉他，但不圆满，只有佛自觉、觉他圆满，觉体不可思议。

⑭**随往无碍：**只有因缘具足，大乘菩萨即可随往说法，所以是随往而无碍。

译文

假若佛在世的时候，应当用正思惟修。假若佛涅槃以后，就要设置佛像，心中作日轮观，真正念佛，就如同如来还在世间一般，悬挂幡、供养花等，经过三七（二十一）天，向十方诸佛礼拜称念佛号，诚诚恳恳地进行忏悔。这样，就能够遇到好的境界，使心轻安。在这二十一天中，一心一意收摄妄念。

假若经过夏首，经过三个月的安居，应当为清净菩萨安居，其心远离声闻，不聚集徒众。

到安居日的时候，就在佛前说这样的话："我比丘某某，我比丘尼某某，我优婆塞某某，我优婆夷某某，依据菩萨大乘教法，我要先修真如寂灭行，与诸菩萨同入清净实相，住持正法。以大圆觉境界为我的道场，身心安居于平等性智。涅槃自性本来清净，本来解脱，无所系；本来平等，无所属。今我敬请慈允，不依声闻，当依十方一切佛与诸大菩萨安居三个月，为了修行菩萨无上妙觉的大因缘，决定不聚集徒众。"

善男子！这就叫作菩萨示现安居，过长、中、短三期日，随往而不碍。

原典

善男子！若彼末世修行众生，求菩萨道①入三期者，非彼所闻一切境界，终不可取。

善男子！若诸众生修奢摩他，先取至静，不起思念，静极便觉②。如是初静，从于一身至一世界③，觉亦如是。善男子！若觉遍满一世界者，一世界中有一群生起一念者，皆悉能知，百千世界亦复如是。非彼所闻一切境界，终不可取。

善男子！若诸众生修三摩钵提④，先当忆想十方如来十方世界一切菩萨，依种种门，渐次修行勤苦三昧，广发大愿，自熏⑤成种。非彼所闻一切境界，终不可取。

善男子！若诸众生修于禅那⑥，先取数门，心中了知生、住、灭念分剂头数。如是周遍四威仪中，分别念数，无不了知。渐次增进，乃至得知百千世界一滴之雨，犹如目睹所受用物。非彼所闻一切境界，终不可取。

注释

①**菩萨道：**即圆满自利、利他而成佛果。

②**静极便觉：**假若末法时期还没有开悟的有情众生，要想修奢摩他，首先达到至静，应当首先忆想所有诸法

如幻如梦，不生取着，不起恶念，不作有为，自不受报。这样，虽然能够了生死，仍然取着涅槃。假若知道涅槃也像昨天之梦，这就是静极。此时的圆觉妙心，脱然毕露，所以称为便觉。

③**从于一身至一世界**：因为一切实相，其性都是清净的。一身清净，多身清净，如是乃至十方众生清净，一世界清净，多世界清净，如是乃至尽于虚空，乃至于三世，一切平等，清净不动，虚空如是平等不动。

④**三摩钵提**：梵文 Samapatti 的音译，另译三摩钵提、三摩拔提、三摩跋提等。意译等持，一种禅定名。其意谓降伏昏沉、掉举，使力至其受位，使身心安和。欲入定时，称为三摩钵提，正在定中，称为三摩那（Samapanna）。

⑤**熏**：熏习之略，唯识的前七转识对第八识阿赖耶识的连续熏染影响作用，说明阿赖耶识中种子持续和增长的原因。前七转识是能熏，阿赖耶识是所熏。

⑥**禅那**：梵文 Dhyana 的音译，意译思惟修，新译静虑，与禅定意义相同，心定一境而审为思虑。静虑之名最能代表它的含义。静即定，虑即慧，定慧均等之妙体则为静虑。

译文

善男子！假若那些末法时期的有情众生，求菩萨道入三期，不要执着所闻的一切境界，这一切境界终究不可执取。

善男子！假若各类众生修止，应当首先达到最静境界，不起思念，静到极点，就觉悟了。这种最初的寂静，从一身扩展到整个世界，也是这样。善男子！假若这种觉悟普遍充满整个世界，假若这世界中有一众生起一念头，都能知道。百千世界也是这样。不要执着所听闻的一切境界，这一切境界终究不可执取。

善男子！假若各类众生修行三摩钵提，应当首先忆想十方如来十方世界的一切菩萨，依据种种方便法门，勤苦三昧渐次修行，还要发广大誓愿，自然熏习形成种子。不要执着所听闻的一切境界，这一切境界终究不可执取。

善男子！假若末世未悟各类众生，要想修行禅那，首先采取数息法门，心中了知生念、住念、灭念的分界数目。在这样周遍于行、住、坐、卧四威仪中，分别数息，没有一念不了知的。然后渐次增进，乃至得知百千世界犹如一滴之雨，犹如亲眼看见所受用之物，不要执着所听闻的一切境界，这一切境界终究不可执取。

原典

是名三观[①]初首方便。若诸众生遍修三观，勤行精进，即名如来出现于世。

若后末世钝根[②]众生，心欲求道不得成就，由昔业障[③]，当勤忏悔，常起希望，先断憎爱、嫉妒、谄曲，求胜上心，三种净观，随学一事，此观不得，复修别观，心不放舍，渐次求证。

注释

①**三观**：即修止、修观、修禅那。

②**钝根**：梵文 Mrdu－indriya 的意译，又称为钝机。指对接受佛道迟钝者的称呼。《法华经·方便品》称："钝根乐小法，贪着于生死。"

③**业障**：因为恶业障碍正道，所以称为业障。业障有五：一者害母，二者害父，三者害阿罗汉，四者破和合僧，五者恶心出佛身血。此称五无间罪，犯此罪者，堕无间地狱。

译文

以上所讲的称为三观初步开始的方便法门。假若各类众生普遍修行三观，勤恳努力，这就称为如来出现于世。

假若以后末法时期的钝根众生，其心想求道而不得成就，由于以前的业障，应当勤恳忏悔，经常生起希望，首先断除憎爱、嫉妒、谄曲，求殊胜上心，三种净观随便学习其中任何一种，如果这一观不得成就，再来修习另外一观，但心不弃舍，逐渐求得证悟。

原典

尔时，世尊欲重宣此义，而说偈言：

圆觉汝当知，一切诸众生，
欲求无上道①，先当结三期，
忏悔无始业。经于三七日，
然后正思惟，非彼所闻境，
毕竟不可取。奢摩他至静，
三摩正忆持，禅那名数门，
是名三净观。若能勤修习，
是名佛出世②。钝根未成者，

常当勤心悔，无始一切罪；

诸障若消灭，佛境[3]便现前。

注释

①**无上道**：佛道至高无上，所以称为无上道。

②**佛出世**：意谓佛出现于世界。大乘佛教认为一时有多佛出现，《俱舍论》卷十二有二说：说一切有部认为：无边世界只有一佛出世。其他论师认为：无量世界有无量佛出世。

③**佛境**：包含一切事物不可思议的佛境界，《华严经》卷二称："诸佛境界不思议，一切法界皆周遍。"

译文

这时候，世尊为了重新宣讲这个意思，而说如下偈颂：

圆觉菩萨！你应当知道，所有的一切各类众生，要想求得成佛的无上大道，先要准备长期、中期、短期三期专修，忏悔自己无始以来的业障。经过三七（二十一）天的专修，然后进行正确思惟，不要执着所听闻的一切境界，这一切境界终究不可执取。修止至静，通过三摩钵提忆想十方如来，修行的禅那是数息观，三净观是修止、修观、修禅那。假若能够勤苦修行这三种法门，等于佛再来世间。钝根修法不得成就者，其心应当经常勤求忏悔，忏悔过去无始以来的一切业障；假若各种业障都消除了，佛的境界便一一现前。

12　贤善首章

原典

于是，贤善首菩萨在大众中，即从座起，顶礼佛足，右绕三匝，长跪叉手而白佛言：大悲世尊！广为我等及末世众生，开悟如来不思议事。世尊！此大乘教，名字何等？云何奉持？众生修习得何功德？云何使我护持经人，流布此教？至于何地[①]？作是语已，五体投地。如是三请，终而复始。

尔时，世尊告贤善首菩萨言：善哉！善哉！善男子！汝等乃能为诸菩萨及末世众生，问于如是经教[②]功德名字，汝当谛听，当为汝说。时贤善首菩萨奉教欢喜，及诸大众默然而听。

注释

①**至于何地**：据谛闲著《圆觉亲闻记》，此有二义：一者流布此圆觉大教，应在何地？这是此问之密意；二者流布此教之人之功德，可至何等地位？这是此问之正意。

②**如是经教**：即以前的序分和正宗分。

译文

于是，在广大徒众中的贤善首菩萨，立即从座位上站起来，向佛足顶礼，向右绕三圈，长跪合掌而对佛说：大慈大悲的世尊啊！您为我们及末法时期的有情众生，详细说法，使我们领悟如来不可思议的境界。世尊啊！这种大乘教法，叫什么名字呢？如何奉持呢？有情众生修此法门，得何功德呢？我们应当如何护持正法？如何使此经典广布流传？传至什么地方呢？这样讲完以后，行五体投地礼。这样恳切地启请了三次，请求世尊教诲。

这时候，世尊告诉贤善首菩萨说：好啊！好啊！善男子！你能够为诸菩萨和末法时期的有情众生，询问这部经叫何名称？依教修行，有何功德？你应当仔细听，我来为你说。当贤善首菩萨听到佛要说法的时候，非常高兴，与其他大众一起静默聆听。

原典

善男子！是经百千万亿恒河沙诸佛所说，三世[①]如来之所守护，十方菩萨之所归依[②]，十二部经[③]清净眼目。是经名《大方广圆觉陀罗尼》，亦名《修多罗了义》，亦名《秘密王三昧》，亦名《如来决定境界》，亦名《如来藏自性差别》，汝当奉行。

善男子！是经唯显如来境界，唯佛如来能尽宣说，若菩萨及末世众生，依此修行，渐次增进，至于佛地[④]。

注释

①**三世**：即过去世、现在世、未来世。

②**归依**：对于胜者归投依伏称为归依。《大乘义章》卷十一称："归投依伏故曰归依。归投之相，如子归父。依伏之义，如民依王，如怯依勇。"

③**十二部经**：亦称十二分教，指佛经体例上的十二种类别，据《大智度论》卷三十三，十二部经如下：(1)修多罗（Sutra，契经），即经典中的长行直说；(2)祇夜（Geya，重颂、应颂），与修多罗相应，重宣教义，采用

颂体；(3) 和伽罗那（Vyakarana，授记)，佛给菩萨预言成佛的经文；(4) 伽陀（Gatha，讽颂、孤起颂)，采用偈的文体组成经文；(5) 优陀那（Udana，无问自说)，无人发问，佛自己宣说的经文；(6) 尼陀那（Nidana，因缘)，记述佛说法教化的因缘，如诸经的序品；(7) 阿婆陀那（Avadana，譬喻)，经文中的譬喻部分；(8) 伊提目多伽（ltivrttaka，如是语经)，即本事，佛说弟子过去世因缘的经文；(9) 阇陀伽（Jataka，本生)，佛说自己过去世因缘的经文；(10) 毗佛略（Vaipulya，方广)。佛说方正广大道理的经文；(11) 阿浮陀达磨（Adbhutadharma，未曾有)，记佛显现种种神通的经文；(12) 优婆提（Upadesa，论议)，问答和论议诸法意义的经文。十二部经中的修多罗、祇夜、伽陀三类，是佛经的基本体裁，其余则是根据经文的内容立名。

④**佛地**：通教十地的第十位，第九地菩萨最后顿断烦恼、所知二障，成就佛道。

译文

善男子！这部经经过百千万亿恒河沙一样多的佛所说，过去、现在、未来三世诸佛所守护，十方菩萨所归依，也是十二部经的清净眼目。这部经称为《大方广圆觉陀罗尼》，又称为《了义经》，又称为《秘密王三昧》，又称为《如来决定境界》，又称为《如来藏自性差别》，你应当奉行。

善男子！这部经只是显示佛的境界，只有如来才能把这个法门讲透彻，假若菩萨和末法时期的有情众生，依据这部经进行修行，逐步增进，可以到达佛地。

原典

善男子！是经名为顿教[①]大乘，顿机[②]众生，从此开悟，亦摄渐修[③]一切群品。譬如大海，不让小流，乃至蚊蚋及阿修罗[④]，饮其水者，皆得充满。

善男子！假使有人纯以七宝[⑤]，积满三千大千世界[⑥]，以用布施[⑦]，不如有人闻此经名，及一句义。

善男子！假使有人教百千恒河沙众生得阿罗汉果，不如有人宣说此经[⑧]，分别半偈。

善男子！若复有人闻此经名，信心不惑，当知是人，非于一佛二佛，种诸福慧[⑨]，如是乃至尽恒河沙一切佛所种诸善根[⑩]，闻此经教。

汝善男子！当护末世是修行者，无令恶魔[⑪]及诸外道，恼其身心，令生退屈。

注释

①**顿教**：意谓顿成之教，与渐教相对，凡经历劫修行，方出生死之法，名为渐教。顿成顿悟佛果之法，名为顿教。根据这种含义，《圆觉经》为顿教大乘，华严宗判教的第四是顿教。

②**顿机**：意谓顿教大乘的根机，即闻顿教而顿悟佛道之机类。

③**渐修**：初学小乘，后学大乘，由浅入深，逐步修行，此称渐修。

④**阿修罗**：梵文 Asura 的音译，略称修罗，另译阿须罗、阿须伦、阿苏罗、阿素罗、阿素洛等，意译不端正、非天等。天龙八部之一，六道之一。古印度神话的一种恶神，常与天神战斗。

⑤**七宝**：佛教经典说法不一，据《法华经·授记品》，七宝如下：金、银、琉璃、砗磲、玛瑙、珍珠、玫瑰。据《无量寿经》，七宝如下：金、银、琉璃、玻璃、珊瑚、玛瑙、砗磲。据《大智度论》卷十，七宝如下：金、银、昆琉璃、玻璃、砗磲、玛瑙、珊瑚。据《阿弥陀经》，七宝如下：金、银、琉璃、玻璃、砗磲、赤珠、玛瑙。据《般若经》，七宝如下：金、银、琉璃、

砗磲、玛瑙、琥珀、珊瑚。

⑥**三千大千世界**：以须弥山为中心，七山八海交互绕之，以铁围山为外郭，此称一小世界。合此小世界一千为小千世界，合此小千世界一千为中千世界，合此中千世界一千为大千世界。此大千世界因由小、中、大三种世界所集成，故称三千大千世界。大千世界之数量为十亿个小世界，三千大千世界实则为千百亿个世界。

⑦**布施**：梵文 Dana 的意译，略称为施。音译檀、檀那，六度之一，施与他人财物等，由此积累功德以至解脱的一种修行方法，有三种布施：财施、法施、无畏施。

⑧**经**：梵文 Sutra 的意译，音译修多罗、素怛缆等，相当于佛教三藏中的经藏。内容原为佛说，后由佛弟子结集而成。

⑨**福慧**：福德与智慧的合称。

⑩**善根**：身、口、意三业之善，坚固而不可拔，所以称之为根。善能产生妙果，能产生其余的善，所以称之为根。

⑪**魔**：梵文 Mara 音译魔罗之略，意译夺命、障碍、扰乱、破坏等。伤害人命、障碍人们行善者，称为魔。欲界第六天主为魔王，其眷属为魔民魔人。

译文

善男子！这部经称为顿教大乘。顿机利根众生，听了这部经，从此开悟。也包括一切渐修法门，就像大海一样，不舍弃小河流，乃至蚊虫和阿修罗，饮其水，都可以充满。

善男子！假若有人用积满三千大千世界的纯粹七宝，进行布施，不如有人听闻这部经名，或者听懂了其中一句经文的意思。

善男子！假若有人使百千恒河沙众生得阿罗汉果，其功德不如有人宣讲这部佛经，甚至于只讲半偈。

善男子！假若又有人听闻这部经的经名，其心相信而不怀疑，应当知道，这种人并不是在以前一佛二佛前种下各种福慧，而是在所有恒河沙一样多的佛前种下各种善根，才能听到这部《圆觉经》，受到教诲。

善男子！你应当保护末法时期有情众生依此《圆觉经》修行的人们，不要让恶魔和各种外道，恼害修行人的身心，不要让那些修行人后退或半途而废。

原典

尔时，会中有火首金刚①、摧碎金刚、尼蓝婆②金刚等八万金刚③，并其眷属，即从座起，顶礼佛足，右绕三匝，而白佛言：世尊！若后末世一切众生，有能持此决定大乘，我当守护，如护眼目。乃至道场④所修行处，我等金刚自领徒众，晨夕守护，令不退转。其家乃至永无灾障，疫病消灭，财宝丰足，常不乏少。

尔时，大梵天王⑤、二十八天⑥王、须弥山王⑦、护国天王⑧等，即从座起，顶礼佛足，右绕三匝，而白佛言：世尊！我亦守护是持经者，常令安隐⑨，心不退转⑩。

注释

①火首金刚：即火头金刚明王，梵文 Ucchusma 的意译，另译不净洁、秽迹等，音译乌刍沙摩、乌枢沙摩、乌刍瑟摩等。因为常在厕所祭此明王，所以他有转不净为清净的功能。《楞严经》卷五称："乌刍瑟摩，于如来前，合掌顶礼佛之双足，而白佛言：'我常先忆久远劫前，性多贪欲，有佛出世，名曰空王。说多淫人成猛火聚，教我遍观百骸四支诸冷煖气。神光内凝，化多淫心，成智慧火，从是诸佛，皆呼召我，名为火头。我以火光三昧力故，成阿罗汉，心发大愿，诸佛成道，我为力士，亲伏魔怨。'"

②尼蓝婆：梵文 Nilavajra 的音译，意译青金刚。

③**金刚**：梵文 Vajra 的意译，音译缚曰罗或跋折罗，金中之精称为金刚。《大藏法数》卷四十一称："梵语跋折罗，华言金刚。此宝出于金中，色如紫英，百炼不消，至坚至利，可以切玉，世所稀有，故名为宝。"执金刚杵之力士，称为金刚。

④**道场**：即佛教寺院，隋炀帝于大业九年（公元六一三年）下令全国寺院一律改名为道场，意谓修行学习佛道的场所。

⑤**大梵天王**：大梵天为初禅天之王，所以称为大梵天王，略称为梵王或大梵王，色界十八天的通名，一般指初禅梵天之王。

⑥**二十八天**：即欲界六天、色界十八天、无色界四天。

⑦**须弥山王**：即忉利天王，又称为帝释。

⑧**护国天王**：即东、南、西、北四大天王，又称为四大金刚。

⑨**安隐**：指身心而言，身的四大调和称为安，心不起妄念称为隐。

⑩**退转**：即于求佛道之中途，退失菩提心，而堕于二乘凡夫之地；或意谓退失所修证，转变其地位。

译文

这时候，会中有火首金刚、摧碎金刚、尼蓝婆金刚等八万金刚，以及他们的眷属，立即从座位上站起来，向佛足顶礼，向右绕三圈，然后对佛说：世尊！假若以后末法时期的一切有情众生，有人能够修持这种决定性的大乘要道，我们应当对他们进行保护，就如同保护我们自己的眼睛一样。乃至于在他们修行的道场，我们这些金刚要亲自带领徒众，不分早晚地守护着他们，使他们不至于退转。让他们的家庭永远没有灾难障碍，消除他们的疾病，使他们财宝丰富，足够他们使用，永远不会感到缺少。

这时候，大梵天王、二十八天王、须弥山王、护国天王等，立即从座位上站起来，向佛足顶礼，向右绕三圈，而对佛说：世尊啊！我们也要守护修持《圆觉经》的人们，让他们安隐，心不退转。

原典

尔时，有大力鬼王①名吉槃荼②，与十万鬼王，即从座起，顶礼佛足，右绕三匝，而白佛言：世尊！我等亦守护是持经人，朝夕侍卫，令不退屈③，其人所居一由旬[4]内，若有鬼神[5]侵其境界，我当使其碎如微尘。

佛说此经已，一切菩萨、天龙鬼神八部[6]眷属，及诸天王[7]、梵王等一切大众，闻佛所说，皆大欢喜，信受奉行。

注释

①**大力鬼王**：具有天眼、天耳、神足等神通，阿修罗王即其死后所化，能与诸天争权。

②**吉槃荼**：又称为鸠槃荼，即可畏鬼，食人精气，速疾如风，变化无端，住于林野，管诸鬼众，所以称为王，不属人天，单居鬼趣。

③**退屈**：即退步屈服之心。菩萨修行，可能产生三种畏难退缩心理：（一）菩提广大屈：无上菩提，广大深远，闻后生退屈之心；（二）万行难修屈：布施难修，闻后生退屈之心；（三）转依难证屈：二种转依妙果难证，闻后生退屈之心。

④**由旬**：梵文 yojana 的音译，另译俞旬、揄旬、由延、逾阇、逾缮那等，古印度计算距离的单位，以帝王一日行军之路程为一由旬，《大唐西域记》卷二称："逾缮那者，自古圣王一日运行也。旧传一逾缮那四十里矣，印度国俗乃三十里。"

⑤**鬼神**：鬼为六趣之一，神为八部之通称。有威称为鬼，有能称为神，《金光明经文句》卷六称：“鬼者威也，能令他畏其威也。神者能也，大力者能移山填海，小力者能隐显变化。”

⑥**天龙鬼神八部**：天、龙为八部众之首，故标天龙八部。八部如下：天、龙、夜叉、干闼婆、阿修罗、迦楼罗、紧那罗、摩睺罗迦。

⑦**天王**：即四大天王，佛教传说，须弥山腰有一山叫作犍陀罗山，山有四峰，各有一王居山，各护一天下，所以称为四天王。东方持国天王，其塑像身白色，持琵琶；南方增长天王，身青色，持宝剑；西方广目天王，身红色，手缠绕一龙；北方多闻天王，身绿色，右手持伞，左手持银鼠。

译文

这时候，有位叫吉槃荼的大力鬼王，与十万鬼王一起，立即从座位上站起来，向佛足顶礼，向右绕三圈，而对佛说：世尊啊！我们也要守护修持《圆觉经》的人们，早晚侍卫，使之不退屈，在这些人居住的一由旬之内，假若鬼神侵犯他们的境界，我要让他们粉碎如微尘。

佛讲完这部经以后，一切菩萨、天龙鬼神八部眷属，以及各位天王、梵王等一切大众，听了佛所说的道理以后，都非常高兴，相信接受，并依教奉持修行。

源流

《圆觉经》是一部影响深远的著名大乘经典，对中国佛教华严宗、天台宗、禅宗、密宗和《大乘起信论》，都有重要影响。

华严宗弘扬《圆觉经》思想者，首推华严宗五祖宗密（公元七八〇—八四一年），如前所述，他关于《圆觉经》的注释，竟然多达五种，所以《圆觉经》被列入华严部。

华严宗以五教十宗判教。五教如下：（一）小乘教。因为小乘佛教主张我空法有，所以华严宗初祖法顺（公元五五七—六四〇年）称之为法有我无门。（二）大乘始教。佛刚讲大乘的时候，还没有说明佛性。大乘空宗认为“因缘故有”，这是生。“无性故空”，这是无生。唯识的识有是生，境空是无生。所以法顺称之为生即无生门。

（三）大乘终教。讲到大乘终极的佛性，如《法华》《涅槃》等，始、终二教都是循序渐进，所以称为渐教。法顺称之为事理圆融门。“事”即心生灭门，“理”即心真如门。所以事理圆融就是心真如门和心生灭门圆融。（四）大乘顿教。意谓顿显，顿示佛性，此指禅宗。因为禅宗主张“言语道断，心行处灭”，所以法顺称之为语观双绝门。（五）大乘圆教。即《华严经》，因为该经主张圆融无碍，法顺称之为华严三昧门。

十宗如下：（一）我法俱有宗。此指小乘佛教犊子部。（二）法有我无宗。此指小乘佛教说一切有部，因为该部主张我空法有。（三）法无去来宗。此指小乘佛教大众部，因为该部主张现在和诸是有，过去、未来全无。（四）现通假实宗。此指小乘佛教说假部，该部主张没有过去、未来，在现世法中，只有色、受、想、行、识五蕴是实有，十二处、十八界都是假有。（五）俗妄真实宗。此指小乘佛教说出世部，认为世俗法都是假的，只有出世法才是真的。（六）诸法但名宗。此指小乘佛教的一说部等，因为它们主张真俗一切法都是假名，并无实体。（七）一切皆空宗。此指大乘始教空宗。（八）真德不空宗。即终教大乘。（九）相想俱绝宗。即禅宗的顿教思想。（十）圆明俱德宗。即华严宗的一乘圆教。

宗密的《圆觉经大疏》，根据上述五教十宗判教主张，又根据《圆觉经》的内容，提出五宗判教主张：（一）随相法执宗，此指小乘佛教；（二）真空无想宗，即大乘中观；（三）唯识法相宗，此指《解深密经》和《瑜伽师地论》所论述的大乘唯识理论；（四）如来藏缘起，即《楞伽经》和《大乘起信论》；（五）圆融具德宗，即《华严经》。《圆觉经》被判入如来藏缘起宗。由此可见，尽管宗密推崇《圆觉经》，但他站在华严宗的立场上，认为该经低于华严宗本经——《华严经》。

华严宗主张法界缘起，即真如缘起。它把法界分为四种：事法界、理法界、理事无碍法界、事事无碍法界。“事”是现象，“理”是本体，即真如本体。理事无碍法界说明“理”与“事”互相彻入，理即事，事即理。事事无碍法界是说事与事，也能互相容摄。华严宗四祖澄观（公元七三八—八三九年）认为一心可以包含万有，五祖宗密认为一心是万物之体，佛和众生都是由一心产生的，所以心、佛、众生三无差别。一心是能造，佛和众生是所造。这与《圆觉经》的观点完全一致，《圆觉经》认为圆觉妙心是万物本源，从圆觉大陀罗尼门流出一切清净、真如、菩提、波罗蜜和一切事物。该经认为心“如法界性究竟圆满遍十方”（《文殊章》），“一切众生种种幻化皆生如来圆觉妙心”（《普贤章》），“是经唯显如来境界，唯佛如来能究竟说”（《贤善首章》）。这和华严宗所说的圆摄一切诸法、直显本来成佛的圆教旨趣，几乎完全一致，所以宗密认为这部经类似于圆觉。

天台宗弘扬《圆觉经》的著作主要有秀州竹庵可观的《圆觉手鉴》一卷、澄觉神焕的《疏》二卷、景德寺居士撰《疏》四卷、栢庭善月的《略解》一卷及十三世纪苕水古云元粹的《集注》二卷。

天台宗所以如此重视《圆觉经》，是因为该经与天台宗所倡导的真如缘起论、一心三观、一念三千相符合。

关于天台宗的真如缘起论，天台宗创始人智顗（公元五三八—五九七年）在其著作《法华玄义》卷上，进行了精确表达，“三界无别法，唯是一心作。”他认为欲界、色界、无色界的一切事物，都是心造作的。

一心三观，是说一心具备空、假、中三谛。

一念三千是这样计算的：六凡四圣组成十法界：天、人、阿修罗、地狱、饿鬼、旁生、佛、菩萨、缘觉、声闻。每一法界又有十法界，十十成百。每个百法界里又各具十如是：如是相、如是性、如是体、如是力、如是作、如是因、如是缘、如是果、如是报、如是本末究竟。十百成千。众生世间、国土世间、五蕴世间各具一千，故成三千。

由真如缘起、一心三观、一念三千论引申出观心法门，因为一心存有万物，所以观心能见一切。在天台宗看来，心奇妙无比，这就是《圆觉经》所说的圆觉妙心。

禅宗自五祖弘忍（公元六〇一—六七五年）以后分为二支：一支以神秀（公元六〇六—七〇六年）为代表，主张渐悟。因为活动地区主要在北方，所以称为北宗；另一支以惠能（公元六三八—七一三年）为代表，主张顿悟。因为活动地区主要在南方，所以称为南宗。《圆觉经》为南北二宗都提供了理论基础，因为这部经最后声称：《圆觉经》称为顿教大乘，顿机众生听闻这部经，可以开悟。这部经也摄渐修，就像大海不舍弃小河流一样。

《圆觉经》对禅宗的影响，特别表现在修心方面。“远离一切幻化虚妄境界……心如幻者亦复远离，远离为幻亦复远离。离远离幻亦复远离……知幻即离不作方便，离幻即觉亦无渐次。”（《普贤章》）“修多罗教如标月指……了知所标，毕竟非月。”（《清净慧章》）我们再看一看禅宗的论述，二者之间有惊人的相似之处，如弘忍的《最上乘》所说：“一切众生清净之心，亦复如是，只为攀缘、妄念、烦恼、诸见黑云所覆，但能凝然守心，妄念不生，涅槃法自然显现。故知自心本来清净。”六祖惠能的《坛经》说：“三世诸佛，十二部经，亦在人心中本自具有……内外明彻，识自本心，若识本心，即是解脱。”

关于修禅方法，《圆觉经》的第七章、第八章，详细论述了奢摩他、三摩钵提、禅那和二十五种清净定轮的修行方法，还说明远离作、止、任、灭四种禅病。这些教旨都适用于禅门修学，所以《圆觉经》在禅宗佛教徒中盛行流传。

《圆觉经》对密宗的影响也很明显，如第七章大威德的出场，就是明显的密宗特征。《圆觉经》又称为《大方广圆觉陀罗尼》，此中强调陀罗尼（Dharani，咒语）的作用，所以受到密宗的重视。

解说

成佛是佛教徒坚定不移的志向，佛在哪里呢？就在心里，所以要想成佛，不必向外求，求心即可。此心就是《圆觉经》所说的圆觉妙心，此心妙就妙在它是世界本源，三千大千世界皆由心出。此心的作用殊胜不可思议，正如《宗镜录》所说的："心能作佛，心作众生，心作天堂，心作地狱。心异则千差竞起，心平则法坦然，心凡则三毒萦缠，心圣则六通自在，心空则一道清净，心有则万境纵横。"有情众生的四圣六凡和无情的山河大地，都是圆觉妙心变现的。

这一思想不仅佛教具有，也影响到宋明理学，宋代伟大的思想家朱熹（公元一一三〇—一二〇〇年）把"理"作为世界本源。朱熹的"理"实际上就是《圆觉经》所说的妙心。朱熹在《物类》卷十八曾说："释氏云：一月普现一切水，一切水一月摄。”这里的“月”实际上是妙心，这里的水实际上是三千大千世界。因为心是世界本源，所以世间万物都是心变现的，就像月亮映现水一样。这正像陆象山所说的：“宇宙便是吾心，吾心便是宇宙。”不仅现象世界是心变现的，道理也是心变现的，正如朱熹所说的“一心具万理”“心包万理，万理具于一心”。

此心妙就妙在人人具有，在圣不增，在凡不减，佛有一个妙心，芸芸众生也有一个妙心，心、佛、众生三无差别，这正如王信伯所说的：“心即性，性即天，天即性，性即心。”这里的“三无差别”只就妙心而言，实际上佛与众生是有差别的，差别在哪里呢？差别就在于佛认识了妙心，众生没有认识妙心。佛是梵文 Buddha 的音译，意译为觉悟，觉悟什么呢？觉悟真心。

怎样才算是觉悟真心呢？因为世间一切都是圆觉妙心变现的，所以一切都是虚幻不实的，就像水中月、空中花、镜中像一样，都是假有，都是空。远离一切幻妄境界，知幻即离，离幻即觉。人们的参禅活动，只不过是敲门砖而已，既然已经入门，砖就没有必要了，应当扔掉。此时的能观与所观都消除了，此时的境界就是《圆觉经》所说的与虚空浑然一体，与山河大地融成一片的大光明藏。

怎样证悟圆觉妙心呢？去妄存真，把错误的东西消除干净，剩下的就是正确的。把虚妄分别去掉，剩下的就是圆觉妙心。

成佛并非高不可攀，修行者应当信心十足，因为我们的佛性真如人人具有。要想证悟圆觉妙心，必须首先断除轮回的根本——爱欲。由于爱欲的不同，卵生、胎生、湿生、化生的有情众生，具有五性差别：外道种性、声闻种性、缘觉种性、菩萨种性、佛种性。五种性众生要想证悟圆觉妙心，必须发大誓愿，立志成佛。还要求善知识指导，逐渐断除烦恼障和所知障，当把二障断除干净圆满实现誓愿的时候，即得清净解脱，证得伟大的圆觉。

在一切修证位中，有凡夫随顺觉性、菩萨未入地者随顺觉性、菩萨已入地者随顺觉性、如来随顺觉性之别。

一切有情众生，从无始以来，由于妄想而认为有“我”，于是就爱我，自己从来就不知道，由于念念生灭的心理作用，而生起憎恨和贪爱，耽着于色、声、香、味、触、法五欲。假若遇到善知识的指点，使之开始觉悟到自己本有的清净圆觉自性，就知道自己是在自寻烦恼。假若有人把尘劳思虑永远全部切断，得到清净法界。到达了清净法界，但理解不透彻，认为清净是道，不清净不是道，这种虚妄分别就是自我障碍，所以对于圆觉自性的认识不能自由自在，这就是凡夫的随顺觉性。

一切菩萨，由于自己的见解，使自己受到障碍，即使断除了见解上的障碍，仍然停留在见觉境界中，由于见觉上的障碍，总以为自己觉悟了，这就成为障碍而不自在，这就称为没入地菩萨的随顺觉性。

因为一切都是心造，只要把自己的障碍心灭掉，各种障碍就都灭掉了。因为障碍已经断灭了，就不存在灭障碍者了。经教如手指月，假若已经见到了月亮，手指就没用了。懂得这个道理，就称为已入地菩萨的随顺觉性。

因为一切都是圆觉妙心变现的，所以贪、嗔、痴等一切障碍成佛的因素，本身就是究竟觉；得念和失念，都是解脱；成法和破法，都称为涅槃；智慧和愚痴，都是般若；菩萨和外道所成就的法门，都是菩提；无明和真如的境界并无区别；各种戒、定、慧和淫欲、愤怒、愚痴，都同样是梵行；有情众生和国土，本源都是同一法性；地狱、天宫，都是净土；一切有情众生，不管是有灵性，还是没有灵性，都能够成就佛道；一切烦恼，毕竟是解脱。我们的智慧就如同大海一样，充满整个法界，充满整个虚空，对于外界和内心的一切现象，都能清清楚楚明了。这就是如来随顺觉性。

关于修行的方便法门，《圆觉经》指出奢摩他、三摩钵提、禅那三种。

如果各位菩萨首先了解到自身本有的清净圆觉，以清净觉心为基础，把求静作为修行的最终目的。静极而慧生，作为虚妄客尘的身心从此永灭。由于寂静的缘故，十方三界一切如来心便在自心显现，就如镜中影像一样。这种方便法门就称为奢摩他。

如果所有的菩萨，首先了悟本有清净的圆觉妙性，再以此妙心觉知心性及根、尘等都是幻化不实的，并以变化各种不同的如幻佛事开悟如幻众生，由于缘起如幻的缘故，便于内心发起大慈大悲及轻安的适宜之相，一切菩萨都应当从这一幻观门起修。当彼此不同的幻者和观者都成为幻化的时候，幻化之相则永远离去消失，这些菩萨的幻观妙行就称为三摩钵提。

如果菩萨觉悟到清净圆觉妙心，依此圆觉妙心，不求取幻化境界和各种净相，因为了知身心都会障碍成佛。烦恼和涅槃都不能留作障碍。此时，体内便会产生清虚、寂静、轻安、恬适之相，圆觉妙心与寂灭真境契合如一。这种修行方法称为禅那。

以上三种修行方法，又可以仔细分为二十五种清净定轮的修行方法。

如果各位菩萨在修行中消除各种杂念，只是追求极静状态，由于静极所产生的力量，就会永远断除烦恼，终成佛道。修行不用起座，便能证入涅槃，这就称为单修奢摩他。

如果各位菩萨只是观法如幻，凭借佛的慈悲力量，变化如幻世界，在圆觉这一总持法门中不忘失寂念和各种静慧，这就称为单修三摩钵提。

如果各位菩萨只从灭绝一切如梦如幻的妄念入手，只是断灭烦恼。烦恼被断灭干净以后，圆觉实相自然就会显露出来，这就称为单修禅那。

如果各位菩萨先从空观入手，达到极静的心境，再以静极所起的静慧之光，观照如梦如幻的诸多世界和一切众生。此时，便在观幻中发起菩萨清净妙行，此称先修奢摩他，后修三摩钵提。

如果各位菩萨依靠静慧，证悟到至静的圆妙觉性，烦恼便会自然断灭，永远出离生死，此称先修奢摩他，后修禅那。

如果各位菩萨，依靠静极所产生的智慧，现起幻化之力和种种变化作用，度脱一切众生，而后断灭烦恼，进入寂灭境界，此称先修奢摩他，中修三摩钵提，后修禅那。

如果各位菩萨，依靠至静之力，首先断除烦恼，然后发起菩萨清净妙行，化度一切众生，此称先修奢摩他，中修禅那，后修三摩钵提。

如果各位菩萨，依靠至静之力，使心中一切烦恼妄念断然息灭，而后度化众生，建立世界，此称先修奢摩他，齐修三摩钵提和禅那。

如果各位菩萨，依靠至静之力，发起通力变化作用，再断除一切烦恼，此称齐修奢摩他、三摩钵提，后修禅那。

如果各位菩萨，依靠至静之力，资助于寂灭境界，而后发起通力作用，此称齐修奢摩他、禅那，后修三摩钵提。

如果各位菩萨，先以变化通力，随顺种种根性化度众生，而后再进入至静境界，此称先修三摩钵提，后修奢摩他。

如果各位菩萨，依靠变化通力，幻化种种境界，以教化众生，从而进入寂灭境界，此称先修三摩钵提，后修禅那。

如果各位菩萨，依靠变化通力，而做利于众生的各种事业，使一切烦恼止灭，此称先修三摩钵提，中修奢摩他，后修禅那。

如果各位菩萨，依靠变化通力，显现所行无碍的幻化作用，使一切烦恼断然止灭，留住于至静境界，此称先修三摩钵提，中修禅那，后修奢摩他。

如果各位菩萨，依靠变化通力，为求大乘道的众生开示各种方便，显现各种幻化作用，接下来便是至静和寂灭二种境界同现并生，此称先修三摩钵提，齐修奢摩他、禅那。

如果各位菩萨，依靠变化通力，发起种种幻化作用，并用以协助至静境界，最后断灭烦恼，此称齐修三摩钵提、奢摩他，后修禅那。

如果各位菩萨，依靠变化通力，协助寂灭，而后留住于清净无作的静虑境界，此称齐修三摩钵提、禅那，后修奢摩他。

如果各位菩萨，依靠寂灭之力缘起至静，而后安住于纤尘不染的清净心境，此称先修禅那，后修奢摩他。

如果各位菩萨，借助于寂灭之力，使各自的自性安住于静虑，再起各种幻化作用，以度众生。此称先修禅那，中修奢摩他，后修三摩钵提。

如果各位菩萨，使不假造作的自性在种种变化作用中，生起清净境界，而后归于静虑。此称先修禅那，中修三摩钵提，后修奢摩他。

如果各位菩萨，借助于寂灭之力，协助于至静境界的建立，从而幻起种种变化，此称齐修禅那、奢摩他，后修三摩钵提。

如果是借助于寂灭之力，协助于起幻度脱众生的种种变化，因而缘起至静境界，使境慧更加清彻明朗，此称齐修禅那、三摩钵提，后修奢摩他。

通过这二十五种清净定轮的修行方法，可以消除作、任、止、灭四种病相，消除业障，达到涅槃、菩提的最高目标。

附录

1 大方广圆觉修多罗了义经略疏序

金紫光禄大夫守中书侍郎
尚书门下平章事充集贤殿大学士裴休撰

夫血气之属必有知，凡有知者必同体，所谓真净明妙，虚彻灵通，卓然而独存者也，是众生之本源，故曰心地是诸佛之所得，故曰菩提交彻融摄，故曰法界寂静常乐，故曰涅槃不浊不漏，故曰清净不妄不变，故曰真如离过绝非，故曰佛性护善遮恶，故曰总持隐覆含摄，故曰如来藏超越玄闭，故曰密严国统众德而大备，烁群昏而独照，故曰圆觉其实皆一心也。

背之则凡，顺之则圣；迷之则生死始，悟之则轮回息；亲而求之，则止观、定慧；推而广之，则六度万行；引而为智，然后为正智；依而为因，然后为正因。其实皆一法也，终曰圆觉而未尝圆觉者，凡夫也；欲证圆而未极圆觉者，菩萨也；具足圆觉而住持圆觉者，如来也。离圆觉无六道，舍圆觉无三乘；非圆觉无如来，泯圆觉无真法，其实皆一道也。

三世诸佛之所证，盖证此也；如来为一大事出现，盖为此也；三藏、十二部一切修多罗，盖诠此也。然如来垂教，指法有显密，立义有广略，乘时有先后，当机有深浅。非上根圆智，其孰能大通之？故如来于光明藏，与十二大士密说而显演，潜通而广被，以印定其法，为一切经之宗也。

圭峰禅师，得法于荷泽嫡孙南印上足道圆和尚。一日，随众僧斋于州民任灌家，居下位，以次受经，遇《圆觉了义》卷未终轴，感悟流涕，归以所悟，告其师。师抚之曰："汝当大弘圆顿之教，此经诸佛授汝耳。"禅师既佩南宗密印，受圆觉悬记。于是，阅大藏经、律，通《唯识》《起信》等论。然后顿辔于华严法界，宴坐于圆觉妙场，究一雨之所霑，穷五教之殊致，乃为之疏解，凡《大疏》三卷、《大钞》十三卷、《略疏》两卷、《小钞》六卷、《道场修证仪》一十八卷并行于世。其叙教也圆，其见法也彻，其释义也端如析薪，其入观也明若秉烛，其辞也极于理而已，不虚骋，其文也扶于教而已，不苟饰，不以其所长病人，故无排斥之说，不以其未至盖人，故无胸臆之论。

荡荡然，实十二部经之眼目，三十五祖之骨髓，生灵之大本，三世之达道，后世虽有作者，不能过矣。其四依之一乎，或净土之亲闻乎，何尽其义味如此也？或曰：道无形，视者莫能睹，道无方，形者莫能至，况文字乎？在性之而已，岂区区数万言而可诠之哉？对曰：“噫！是不足以语道也。”

前不云乎？统众德而大备，烁群昏而独照者，圆觉也。盖圆觉能出一切法，一切法未尝离圆觉。今夫经、律、论三藏之文传于中国者，五千余卷。其所诠者何也？戒、定、慧而已；修戒、定、慧而求者何也？圆觉而已。圆觉一法也，张万行而求之者何？众生之根器异也。

然则，《大藏》皆圆觉之经，此《疏》乃《大藏》之疏也。罗五千轴之文，而以数卷之疏通之，岂不至简哉？何言其繁也？及其断言语之道、息思想之心，忘能、所，灭影像，然后为得也，固不在诠表耳。呜呼！生灵之所以往来者，六道也。鬼神沉幽愁之苦，鸟兽怀猬猬之悲，修多方嗔，诸天正乐，可以整心虑、趣菩提，唯人道为能耳。人而不为，吾未如之，何也已矣！休常游禅师之阃域，受禅师之显诀，无以自效，辄直赞其法，而普告大众耳。其他备乎本序云。

2 大方广圆觉修多罗了义经序

唐终南山草堂寺沙门宗密述

元亨利贞干之德也，始于一气，常、乐、我、净佛之德也。本乎一心专一气而致柔，修一心而成道。心也者，冲虚妙粹炳焕灵明，无去无来，冥通三际，非中非外，洞彻十方，不灭不生，岂四山之可害？离性离相，奚五色之能盲？处生死流，骊珠独耀于沧海；踞涅槃岸，桂轮孤朗于碧天，大矣哉！万法资始也。万法虚伪，缘会而生，生法本无，一切唯识。识如幻梦，但是一心，心寂而知，目之圆觉，弥满清净中不容他。故德用无边，皆同一性，性起为相，境、智历然，相得性融，身心廓尔，方之海印，越彼太虚。恢恢焉，晃晃焉，出思议之表也。我佛证此，愍物迷之，再叹奇哉！三思大事，既全十力，能摧树下魔军，爰起四心，欲示宅中宝藏。然迷头舍父，悟有易难，故仙苑觉场，教兴顿渐，渐设五时之异，空有迭彰。顿无二谛之殊，幽灵绝待。今此经者，顿之类欤，故如来入寂光土，凡圣一源，现受用身，主伴同会，曼殊大士，创问本起之因；薄伽至尊，首提究竟之果，照斯真体，灭彼梦形，知无我人，谁受轮转？种种幻化，生于觉心，幻尽觉圆，心通法遍，心本是佛，由念起而漂沈，岸实不移，因舟行而骛骤。顿除妄宰，空不生华，渐竭爱源；金无重矿，理绝修证，智似阶差，觉前前非，名后后位，况妄忘起灭，德等圆明者焉？然出厩良驹，已摇鞭影，埋尘大宝，须设治方，故三观澄明，真假俱入，诸轮绮互，单复圆修，四相潜神，非觉违拒，四病出体，心华发明，复令长中下期，克念摄念而加行，别遍互习业障惑，障而消亡，成就慧身。

静极觉遍，百千世界佛境现前，是以闻五种名，超刹宝施福，说半偈义，胜河沙小乘，实由无法不持，无机不被者也。噫巴歌和众，似量腾于猿心，雪曲应稀，了义匿于龙藏，宗密松专鲁诰，冠讨竺坟，俱溺筌罗，唯味糟粕，幸于涪上，针芥相投，禅遇南宗，教逢斯典，一言之下，心地开通；一轴之中，义天朗耀，顷以道非常道，诸行无常，今知心是佛心，定当作佛。

然佛称种智，修假多闻，故复行诣百城，坐探群籍，讲虽滥泰，学且师安，叨沐犹吾之纳，谬当真子之印。再逢亲友，弥感佛恩，久慨孤贫，将陈法施，采集般若，纶贯华严，提挈毗尼，发明唯识。然医方万品，宜选对治，海宝千般，先求如意。观夫文富义博，诚让杂华，指体投机，无偕圆觉，故参详诸论，反复百家，以利其器，方为疏解，冥心圣旨，极思研精，义备性相，禅兼顿渐，勒成三卷，以传强学。然上中下品，根欲性殊，今将法彼曲成，从其易简，更搜精要，直注本经，庶即事即心，日益日损者矣。

3　刻圆觉经解后跋

中兴曹溪嗣法沙门憨山释德清撰

法身流转五道，名曰众生。是则众生清净觉地，即诸佛本起因地，但以无明障蔽，日用而不知，故劳我世尊，特现身三界，俯顺群机，指示各人本有佛性，以众生迷来久矣。无明日厚，障蔽日深，非欢照无以通之，故设三观妙门。为悟心之要，良田根钝，不能圆修，故散出一代时中，初说空观，以破见爱烦恼；次说假观，以破尘沙；后说中观，以破无明。

又以先后历别渐次，不能圆证一心，故说首楞严大定，以统摄三观，圆照一心，顿破无明，是为圆顿法门。然其文该三藏，教摄五时；十界圣凡，迷悟因果，纤悉备殚，而学者智浅心粗，以文广义幽，艰涩难通，况离言得意，如契一心者乎。

若夫至简而精，至切而要者，无尚圆觉之最胜法门也。其文不过一万三千余言，统摄无边教海，该罗法界圆宗，彻一心之源，历三观之旨，偏正互换，单复圆修，搜穷妄宰，批剥禅病，而悟心妙门。一超直入，是所谓法界之真经，成佛之妙行也。

顿悟顿证，如观掌果，西来直指，秘密妙义。此外无余蕴矣。凡学佛者，莫不以此为指南。

昔圭峰禅师，著有略疏，则似简。别有《小钞》，若太繁，然文有所捍格，则义有所不达。义不达，则理观难明；理观不明，则恍忽惚岐，而无决定之趣矣。

予山居禅暇，时一展卷，深有慨焉，于是祖疏义，而直通经文，贵了佛意，而不事文言，故作《直解》，以结法缘。草成适新安觉我居士，程君梦旸，闻而欣仰，乃因居士吴启高，特请以梓之。予因叹曰：佛说持四句偈，胜施恒沙七宝之福。以宝乃有漏之因，法乃成佛之本，较之天渊，此吾佛金口称赞也。程君法施之福无量，当与虚空等矣。敬题于后，令观者知所自云。时天启二年岁次壬戌仲夏望日。

4　圆觉经讲义序

三藏十二分教，能诠所诠，千派万别，而同归于一。一者何？一如来净圆觉心也。无染之谓净，无漏之谓圆；无无明之谓觉，合净、圆、觉三，而为如来妙明之真心，亦为众生同具之本体。而即背心迷体者，起悟进修之不二妙门也。然而修多罗中，求其直指此一妙门，破二障而除四病，摄五性而被三根。机无不投，义无不显者，惟一圆觉了义经。虽然，末世众生，障深业重，读诵已鲜，何论受持？如目盲人，对日月轮，虽光照大千，亦熟视而无所睹焉。迺有乘大愿船，击大法鼓，教以凡夫之所迷者。迷此，贤圣之所修者；修此，无上法王之所证者；证此，智无不照，理无不彰。语必透宗，义皆显体，揭真性而示真修。提挈流浪生死众生，一一导归如来大圆觉海中，其惟我。

谛公大师乎，大师秉止观之法印，澈佛祖之心源，慨大法之沉冥，悯众生之苦恼。于是缵灵峰遗志，演畅宗风，继圭峰弘文，别出手眼，长途跋涉，而振锡于上都。暑汗纷披，而焦音于法座。讲演历两阅月之久，成《圆觉经讲义》数十万言。其间一科一判，一句一味，一色一香，无不从无上法王大陀罗尼门中，自在流出。且以士夫积垢之深也。研教乘者，则除烦恼之障，或犹易于所知；不得意者，则拒妄念之生。又如以石压草。大师曰：所知本非障，道在不执而已矣。妄念不必除，道在不为所转而已矣。毗笈摩药，拔诸惑箭，真济世之医王也。然而恶缘既众，尘事方殷。三学不易齐修，四依又难恒值。

大师复测然愍之，而教以念佛法门，其始也。以净念治其染念，其继也。以一念冥其杂念，尘想销融，则不止之妙止也。佛号分明，则不观之妙观也。如是，念兹在兹，至于念而无念，无念而念，空、有双超，理智一如。则即空即假即中，不知不觉，而入平等本际，圆满十方。神通大光明藏，于不二境，现诸净土，岂非不思议解脱也哉？凡此所谈，无非妙谛。则又大师于讲义外，称性发挥，应机开示者也。煦与蒋子显觉，黄子显琛，日侍讲席，耳无停听，手不停书，录成两卷，亦不下数十万言，盛矣哉！此法会也。如大火聚，近之则立化根尘，如清源池，入之则顿除热恼。吾知护法筵者上则有天龙八部。沾法雨者，下逮于畜鬼三涂。盖法音冥契乎佛心，斯佛力遍弥于法界，理无或爽，信而有征，感应道交，千载一时矣。嗟乎！芸芸众生，漂流业海，迷途久暗，今则导以破暗之灯，幻念缘尘，今则授以照尘之镜。所愿离圆觉之名相，悟圆觉之本元，对境而念念知宗，随缘而心心契体，空以无寄，岂随名言？有复何妨？当知幻化，惟能单提夫一念，念念洪名，自不被转于六根，根根妙用，无庸测度，祇幺修行，信极愿深，同登极乐矣。于是，随诸会众，散诸花香，恭敬供养，信受奉行。

大师命，而述其要略如此，更愿持此法音，遍满十方，尽未来际，与无量众生，同深悲仰，共证圆明，庶几不负我。

佛度世之恩，而满大师说法之愿也欤。

民国七年夏历六月

菩萨戒弟子江宁江杜法名妙煦熏沐稽首谨序

5　圆觉经

高观如

《圆觉经》，具名《大方广圆觉修多罗了义经》，一卷，唐罽宾沙门佛陀多罗译。是唐、宋、明以来教（贤首、天台）、禅各宗盛行讲习的经典。

此经译者的生平事迹不详。据《开元释教录》卷九说："沙门佛陀多罗，唐云觉救，北印度罽宾人，于东都白马寺译《圆觉了义经》一部。此经近出，不委何年；……但真诠不谬，岂假具知年月耶？"《续古今译经图记》《真元新定释教目录》卷十二也同此记载，认为此经译出的年月有疑问。又宗密《圆觉经大疏》卷上之二说："北都藏海寺道诠法师《疏》又云：羯湿弥罗三藏法师佛陀多罗，长寿二年（公元六九三年）龙集癸巳，持于梵本至神都，于白马寺翻译，四月八日毕。其度语、笔受、证义诸德，具如别录。不知此说本约何文？素承此人学广道高，不合孟浪。……然入藏诸经，或失译主，或无年月者亦多，古来诸德皆但以所诠义宗定其真伪矣。”同《疏钞》卷四之上又说：“言龙集者，有释云高宗大帝，……此说恐谬：……长寿年是则天之代，然今亦未委其指的也，待更寻检。疏具如别录者，复不知是何图录，悉待寻勘。”可见古德对此经的翻译记载多有所疑，但都相信其真诠不谬，而并致其笃信之忱。

此经的内容，是佛为文殊、普贤等十二位菩萨宣说如来圆觉的妙理和观行方法。全经一般分作序、正、流通三分。

初、序分，叙述佛入于神通大光明藏三昧，诸佛众生清净寂灭平等圆满不二，所现净土有文殊师利等十二大菩萨为上首的十万大菩萨众，皆入此三昧住于如来平等法会。

次、正宗分，叙佛因文殊师利等十二大菩萨次第请问，而依次宣说圆觉的义理和观行，即分十二章，每章先以长行问答说法，后以偈颂重宣其义。其中：一、《文殊章》，是一经的宗趣所在。宣说有大陀罗尼——圆觉法门，流出一切清净真如、菩提、涅槃及波罗蜜。显示佛菩萨的因行果相都不外乎修证本有的圆觉道理。以下各章即说其观行。二、《普贤章》，说示圆觉境界的修行方便，远离一切幻妄境界，知幻即离，离幻即觉。三、《普眼章》，说示修习圆觉，应当正念远离诸幻，先依奢摩他行，坚持净戒，宴坐静观身心幻垢、人法二空，乃至幻灭垢尽，一切清净，觉性平等不动。四、《金刚藏章》，说示圆觉本性平等不坏，众生有思惟心不能测度如来境界，故应先断无始轮回根本。五、《弥勒章》，说云爱欲为轮回根本，一切众生由本贪欲，发挥无明，显出五性差别不等，依事理二障而现深浅。应发大愿，求善知识，渐断诸障，证大圆觉。六、《清净慧章》，说示圆觉自性本无取证，但于除灭一切幻化修证位中，有凡夫随顺觉性、菩萨未入地者随顺觉性、菩萨已入地者随顺觉性、如来随顺觉性诸位差别。七、《威德自在章》，说示修行的方便，依着众生的根性而有三种差别：（一）奢摩他；（二）三摩钵提；（三）禅那，此三法门若得圆证，即成圆觉。八、《辨音章》，说示单修奢摩他或三摩钵提或禅那一法，乃至或先或后齐修二法，乃至三法等二十五种清净定轮的修行方法。九、《净诸业障章》，说示觉性本净，但由众生从无始以来，妄执、人、众生、寿命，认为颠倒为实我体，妄生嗔爱，生妄业道，不能入于清净觉海。十、《普觉章》，说示欲求圆觉，应除作、任、止、灭四种病相，以及去除诸病，求证圆觉之道。十一、《圆觉章》，说示修行大圆觉者，长期、中期、下期三种安居的方法，以及修习奢摩他、三摩钵提、禅那三观等方便。

十二、《贤善首章》，说示此经名《大方广圆觉陀罗尼》，亦名《修多罗了义》等五名，并信闻受持此经的功德利益等。此章通行本中只有长行问答说法，未有偈颂重宣其义，比起以前十一章来文体似欠完整。近世日本松本文三郎氏偶获古来本《圆觉经》下卷一帖，见此《贤善首章》佛说至“汝善男子，当获末世是修行者，无令恶魔及诸外道恼其身心令生退屈”句下，有“尔时，世尊欲重宣此义而说偈言：贤善首当知……护是宣持者，无令生退屈”一百十三字，这实是此经已脱佚的文字可知（见日本《续藏经》第二编乙第二十三套第四册、《圆觉经佚文》）。由于现存最古的此经注疏唐宗密《大疏》《略疏》中均皆缺此文句看来，可知这一段文字是在公元九世纪初宗密撰疏以前即已脱落了的。

又最后《贤善首章》一般即为此经的流通分，或又以此章后段从“尔时，会中有火首金刚”起至经末止，叙述诸金刚、天王、鬼王等众护祐持是经人等为流通分。

此经在经录中被列于大乘修多罗藏，后世更收入华严部。这是由于此经所说“圆觉流出一切清净真如、菩萨、涅槃、及波罗蜜”“如法界性究竟圆满遍十方故”（《文殊章》），又说“一切众生种种幻化皆生如来圆觉妙心”（《普贤章》），“是经唯显如来境界，唯佛如来能究竟说”（《贤善首章》），这都合乎华严宗圆摄一切诸法、直显本来成佛的圆教旨趣。因此唐宗密禅师认为此经“分同华严圆教”，后世学人都列之于华严部类。又此经在禅门中也传习甚广，即因此经显示的修行方便，处处与禅法相合。经中所说：“远离一切幻化虚妄……心如幻者亦复远离，远离为幻亦复远离；离远离幻亦复远离……知幻即离不作方便，离幻即觉亦无渐次”（《普贤章》），“何况能以有思惟心，测度如来圆觉境界”（《金刚藏章》）、“无取无证，于实相中实无菩萨及众生”“修多罗教如标月指……了知所标，毕竟非月”（《清净慧章》），以及奢摩他、三摩钵提、禅那三种禅法及二十五种清净定轮，乃至远离作、止、任、灭四种禅病（七至十一章），这些教旨都适用于禅门修学，因而此经在丛林中盛行流传。经中最后并称“是经名为顿教大乘，顿机众生从此开悟，亦摄渐修一切群品”，后世学人也即称此经为大乘顿教。

至于此经在教禅之间的盛行弘传，实但始于唐圭峰宗密禅师（公元七八〇—八四一年），即宗密上承贤首（法藏）、清宗（澄观）的华严教系，又承荷泽（神会）、荆南（惟忠）、遂州（道圆）的南宗禅系，对于此经极为欣契，自称“禅遇南宗，教逢斯典，一言之下心地开通，一轴之中义天朗耀”（《圆觉经大疏》序），而殷殷致力于此经的弘阐。所著有《圆觉经大疏》十二卷、《大疏钞》二十六卷、《略疏》四卷、《略疏钞》十二卷、《大疏科》三卷、《道场证义》十八卷，精详地显发了此经的意蕴。此外，他还著有《圆觉经礼忏略本》四卷、《圆觉经道场六时礼》一卷等（见《义天录·海东有本见行录》）。宗密在《圆觉经大疏钞》卷一之下中自称："此经具法性、法相、破相三宗经论，南北顿渐两宗禅门，又分同华严圆教，具足悟修门户……宗密遂研精覃思，竟无疲厌；后因攻《华严》大部，清凉广疏，穷本究末，又遍阅藏经，凡所听习咨询讨论披读，一一对详《圆觉》，以求旨趣……率愚为《疏》至（长庆）三年（公元八二三年）夏终，方遂终毕。"于此显示宗密著《疏》的内容和他教禅兼弘的宗旨。因此在华严和禅宗盛行的当时，由于宗密的弘扬，致使此经广行流传。而宗密的疏钞即为后世学人依凭的要籍。

在宗密以前，此经的著疏已有四家，即唐京报国寺惟悫《疏》四卷、先天寺悟实《疏》二卷、荐福寺坚志《疏》四卷、北部藏海寺道诠《疏》三卷。宗密当时皆反复研味，认为"互有长短，谓悫邈经文，简而可览；实述理性，显而有宗；诠多专用它词，志可利于群俗"（《圆觉经大疏》卷上之二）。此外宗密又闻江淮间也另有疏流行，但未亲见（同《疏钞》卷四之上）。自宗密疏出，文义精朗，以上各疏即均晦佚无传（见清远《圆觉经略疏钞随文要解》）。宗密以后，至十一世纪间，贤首宗学者杭州慧因寺净源，曾据宗密的《道场修证仪》删定为《圆觉经略本道场修证仪》卷一，用以便于修习。十二世纪间，毗陵华严寺观复撰有《圆觉经钞辨疑误》二卷，以勘定当时《疏钞》刊行本的错误。随后有四蜀龙翔寺复庵道辉撰《圆觉经类解》八卷，经镜庵行霆加以修订行世。至宋孝宗则以禅学思想撰《御注圆觉经》二卷。毗陵华严寺清远撰《圆觉经疏钞随文要解》十二卷。又当时教禅一致的风气流行，于时有龙江章江禅院如山撰《圆觉经略疏序注》一卷。此外尚有大轲撰《乐性乐》二卷、德素撰《玄议》二卷、法圆撰《经解》二卷、道璘撰《地位章》一卷、《三观扶宗息非》一卷等（均见《义天录》）。又天台宗徒有秀州竹庵可观撰《圆觉手鉴》一卷，澄觉神焕撰《疏》二卷、景德寺居式撰《疏》四卷、慈室妙云撰《直解》三卷、柏庭善月撰《略解》一卷（见《佛祖统纪》卷十四—十八）。十三世纪间，苕水古云元粹依天台教观，参考神焕、居式、可观、慈室诸《疏》，并据宗密《疏钞》撰《集注》二卷，其中保存了已经散佚的天台诸家的注解。潼川居简序此书云："圭峰发明此经，造《疏》数万言……由唐至今，广略并行，西南学徒，家有其书，于戏盛哉。江淮荆蛮稍若不竞，天台再造于五季乱离之际，鼓行吴越间，作者辈出，巉然见头角，由是二家之言，肝胆楚越，咫尺云壤。”于此可见台、贤两宗学人并重此经而见解各别。稍后又有台州崇善教寺智聪撰《心镜》六卷、居士周琪撰《夹颂集解讲义》十二卷，这都是阐述教禅一致的理解之作。至十七世纪以来，有武林陆通律寺寂正撰《要解》二卷。憨山德清撰《直解》二卷、二楞庵通润撰《近释》六卷、居士焦竑撰《精解译林》二卷（现存上卷）。禅宗罗峰弘丽撰《句释正白》六卷、贤首宗通润撰《折义疏》六卷、净挺撰《圆觉连珠》一卷等。这是由于宋、明以来佛教界形成禅教融会的风气，而此经乃契其机，因而讲述颇盛。

此经从唐以来，在朝鲜半岛甚为流行，据《义天录》有本现行录，可知当时（公元一〇九〇年）尚传存有坚志《疏》，以及宗密、净源、大轲、德素、法圆、善聪、仲希、道璘等疏著，其中以宗密的《疏钞》流传最广。同时此经在日本禅教间也盛行传持，著名的注疏有风潭的《集注日本决》五卷、普寂的《义疏》二卷、大内青峦的《计义》一卷、汤次了荣的《研究》一卷等。

参考书目

1《大乘起信论》印·马鸣
2《坛经》唐·惠能
3《圆觉经大疏》唐·宗密
4《圆觉经大疏钞》唐·宗密
5《圆觉经略疏》唐·宗密
6《圆觉经略疏钞》唐·宗密
7《圆觉经略疏科》唐·宗密
8《道场修证仪》唐·宗密
9《圆觉经道场略本修证义》宋·净源
10《圆觉经钞辨疑误》宋·观复
11《圆觉经类解》宋·复庵
12《御注圆觉经》宋·孝光
13《圆觉经疏钞随文要解》宋·清远

14《圆觉经略疏序注》宋·如山
15《圆觉经心镜》宋·智聪
16《圆觉经夹颂集解讲义》宋·周琪
17《圆觉经要解》明·寂正
18《圆觉经直解》明·德清
19《圆觉经近释》明·通润
20《圆觉经精解评林》明·焦竑
21《圆觉经句释正白》清·弘丽
22《圆觉经连珠》清·净挺
23《圆觉经析义疏大义》清·通理
24《圆觉经析义疏上悬示》清·通理
25《圆觉经析义疏》清·通理
26《圆觉经讲义》民国·谛闲
27《圆觉经亲闻录》民国·谛闲
28《中国哲学史简编》（佛教和宋明理学部分）任继愈主编
29《隋唐佛教》（华严宗、禅宗部分）郭朋
30《圆觉经》载于《中国佛教》（卷三）高观如
31《圆觉经略说》南怀瑾
32《圆觉经之研究》，载于《现代佛教学术丛刊》日·汤次了荣
33《圆觉经大疏钞要文》日·东大寺实撰

34《圆觉经略疏助寥钞》日·葛藤
35《圆觉经集注日本诀》日·风潭
36《圆觉经集注俗谈》日·光谦
37《圆觉经略疏闻书》日·宜誉义海
38《圆觉经义疏》日·普寂
39《圆觉经集注游刃钞》日·敬雄
40《圆觉经集注闻志》日·随慧
41《圆觉经助读》日·昙空
42《圆觉革讲录》日·裕察本阿
43《圆觉十问答》日·南都出欤
44《圆觉经采要钞》日·南都出欤
45《圆觉经纪闻阏殆钞》日·南部出欤

出版后记

星云大师说：“我童年出家的栖霞寺里面，有一座庄严的藏经楼，楼上收藏佛经，楼下是法堂，平常如同圣地一般，戒备森严，不准亲近一步。后来好不容易有机缘进到藏经楼，见到那些经书，大都是木刻本，既没有分段也没有标点，有如天书，当然我是看不懂的。”大师忧心《大藏经》卷帙浩繁，又藏于深山宝刹，平常百姓只能望藏兴叹；藏海无边，文辞古朴，亦让人望文却步。在大师倡导主持下，集合两岸近百位学者，经五年之努力，终于编修了这部多层次、多角度、全面反映佛教文化的白话精华大藏经——《中国佛教经典宝藏》，将佛教深睿的奥义妙法通俗地再现今世，为现代人提供学佛求法的方便途径。

完整地引进《中国佛教经典宝藏》是我们的夙愿，

三年来，我们组织了简体字版的编审委员会，编订了详细精当的《编辑手册》，吸收了近二十年来佛学研究的新成果，对整套丛书重新编审编校。需要说明的是此次出版将丛书名更改为《中国佛学经典宝藏》。

佛曰：一旦起心动念，也就有了因果。三年的不懈努力，终于功德圆满。一百三十二册，精校精勘，美轮美奂。翰墨书香，融入经藏智慧；典雅庄严，裹沁着玄妙法门。我们相信，大师与经藏的智慧一定能普应于世，济助众生。

东方出版社